Living Untethered

活出覺醒

歐普拉的床頭靈修書，帶你超越生命困境

麥克・辛格 Michael A. Singer 著

張毓如 譯

獻給所有的大師

★好評推薦！

世界紛亂動盪，只有活出覺醒，才能安住當下。

——李欣頻（作家）

你「活出」覺醒了嗎？臣服不是終點，更重要的是臣服之後，你能從干擾中掙脫，進而活出生命的最高實踐，成爲自己生命的大師。

——洪培芸（臨床心理師、作家）

麥克．辛格的《覺醒的你》《臣服實驗》一直是我書架上最喜愛的兩本書。像是自傳的《臣服實驗》這本書，給了我很多勇氣與力量；《覺醒的你》引領我認識自己內在的小宇宙，簡單易懂的文字，把人生難解的謎團寫得精簡又清楚。第一次讀完既感動又震撼，看完又會想看，一次又一次，每隔一段時間就想拿起來翻翻，是極有深度的好書，每看一小段就有新的覺醒和領悟，非常美妙。

這本《活出覺醒》也是文字精簡易懂卻深刻的好書。裡面的每一字、每一句都充滿了宇宙能量。僅是閱讀其中一小段，都能讓我們從狹隘的個人想法與艱苦的情緒中抽離出來，看見人生的智慧。

——馮云（《收信愉快！52封，宇宙的訊息》作者）

長久以來，麥克．辛格一直是臣服實驗的堅定指引者。在這本最新著作中，他進一步探討了身處在世上的快樂和痛苦。在這疏遠的時代，他爲靈魂如何透過練習感恩和接受的永恆藝術，在我們身處的宇宙中找到自己的位置，提供了可靠且持久的見解。從那裡，我們可能會再一次找到彼此，是這個時代亟需的補救措施。這本書是磨刀石，可以磨礪你生活在世上的技能。

——馬克．尼波（《每一天的覺醒》作者）

深刻而實用的智慧之書，結合了迷人的科學與最高的靈性教導。麥克．辛格以極大的熱情與魅力將我們引向最高的幸福，就在此時此地。

——瑞克．韓森（《像佛陀一樣快樂》作者）

本書證明了與最高自我連結及透過消除堵塞找到情緒自由的力量。我特別喜歡關於夢的部分，以及如何與之一起工作，可以解放過去的心理模式和無益的想法。謝謝你，麥克．辛格，寫了這麼一本睿智、撥動心絃的書！

——茱迪斯．歐洛芙（醫學博士，《共感人完全自救手冊》《臣服的力量》作者）

麥克·辛格又一部傑作。在需要以靈性來產生實質影響的時代，這本書寫得恰到好處。麥克創造了科學與靈性的結合，幫助眾人了解我們的眞實身分。如果你覺得生活中的任一領域陷入了困境，這本書將是天賜之物。書中對靈性的運用實際又切實，可以改變自己的生活，改變我們與周圍世界各方面的關係。這是一本解脫之書。將自己從自己之內解放出來。當你開啓一種新的存在方式，帶著驚奇的心情閱讀每一頁，肯定會改變你的生活。

——賈斯汀·麥可·威廉姆斯（《保持清醒》作者）

我花了幾十年的時間幫助人們體驗個人成長與轉變，無論是在工作、健康還是人際關係方面。麥克·辛格的最新著作提供了一條務實的道路，可以突破人類思維的障礙，體驗到一種快樂，這種快樂不是來自對任何成就的掌握，而是來自對靈魂的深刻認識，引領我們走得更遠，最後超越個人自我。

——東尼·羅賓斯（激勵大師，《喚醒你心中的巨人》作者）

麥克·辛格如天使般的訊息正透過形而上學的眞實科學傳遞給我們；然而在我們心中，早已擁有這一切。我們需要的正是這些有力的話語，來過濾內心深度的困惑。

——文恩·霍夫（《冰人呼吸法》作者）

在這本敲響覺醒之聲的書中，麥克·辛格向讀者指出自由的方向，幫助所有活在錯誤身分中的人解脫。他問：你願意放棄你自以爲的那個人嗎？然後非常小心與聰明地向我們揭示如何做到，並承諾我們內在工作的成果將會帶給你覺醒的能力，以及充滿活力、欣喜若狂的幸福，並成爲平和之心的代理人。

——伊莉莎白・萊瑟（歐米茄學院共同創辦人）

麥克・辛格以堅定不移的心與謙遜的態度傳達了對永恆眞理的認識。這本書以如此廣泛的方式提供了自我探究的可能性，幫助我們擁抱人性，而不是評判或忽視。在每一頁中，讀者都可以感覺到自己放慢了腳步，並與永恆的存在更加一致，而這種存在總能就此得到滿足。願本書及其所有帶給人領悟的瑰寶，成爲你記憶中每一個篇章的堅實伴侶。

——馬特・坎恩（《一切都是爲了愛》《愛是圓滿的開始》作者）

本書是了解我們眞實本性的寶貴指南，並幫助我們比以往任何時候都更眞實地表達出來。

——萊特・瓦金斯（《知道看向何處》作者）

推薦序

發生了什麼並不重要，只要你學會釋放與釋懷

黃淑文

麥克·辛格很會說故事，也很善用比喻，讓你腦中有一個明晰的意象，隨著他的文字聚焦，找到清楚而具體的方法，釋放過去阻塞的能量。讀完《活出覺醒》，不但理解生命的實相，淨化了自己，也回到內在的清靜和安穩。

我特別喜歡他在書中「只是樹」的故事。

寺院裡有一個小和尚，每天都會經過一棵樹。有一天，小和尚不知頓悟了什麼，看起來生氣勃勃，充滿了光。

師父要小和尚說說自己發生了什麼轉變。

小和尚說，我以前從樹旁走過時，常常會想起佛陀成道時坐在樹下的那棵樹；有

時候，這棵樹則會讓他想起小時候從上面摔下來的那棵樹。這棵樹總是激發他過去的思維模式，但是，這次他看到的只是樹。

只是看著樹，單純地讓樹回到它的本然，小和尚就此豁然開朗，進入生命更深層次的覺醒。麥克．辛格用一個簡單的故事，告訴我們：

當一棵樹進入你的眼簾，激發你過去對樹的記憶。你的內在對儲存的記憶產生反應，就會讓自己困在裡面，再也無法擁有純粹的體驗。

靈性的路上學習釋放自己、淨化自己，指的就是要處理這些被過去記憶堵塞的能量。

想想現實的我們，不也是如此嗎？

我們喜歡的、討厭的，都是我們對過去記憶產生執著或抗拒所留下的軌跡。我們今生遇到的，那些我們所愛、所恨的人，其實都是自己凍結在過去的愛戀和痛苦裡，所編織出來的夢境。

在夢裡，我們讓那份愛與恨得以延續，延展出各種劇情。我們活在夢裡，困在過去的程式模組，卻誤以爲眞實。麥克．辛格不諱言地點出，「以這種方式生活非常危險，因爲掌控生活的不是你，而是你過去的印象。」只有去除堵塞，內在的能量才有辦法自由流動。

麥克．辛格在書裡點出世人的盲點：「你的全部生命是由有意識地體驗意識的三個客體（外在世界、想法與情緒）所組成……儘管這三個意識客體都在不斷變化，但眞正的你是一直在裡面體驗的存有。」

也就是，那些被外在世界影響，被想法與情緒困住的你，都不是你。你是那個覺知到你的想法與情緒正在發生變化的人。眞正的你，可以覺知這一切，「你在你之內」，你一直都知道你知道，你是一個有覺知的觀照者。

麥克．辛格做了一個很生動又很精準的比喻。

假設有人說：「我沒辦法靜心。我坐下來，我的頭腦不肯停止。它就是說個不停說了十五分鐘。」這其實是很好的狀態，因爲**你知道你不是你的頭腦。實際上，你看著你的頭腦說了十五分鐘的話，並注意到它並沒有停止**。

沒錯，「你在你之內」，你目睹這些想法，並沒有迷失在其中。當你知道「你是內在有意識的覺知，正在注視著這一切」，你就在你（意識）和意識的對象（想法與情緒）之間創造距離。

不可避免的，現實總是會進來，擊中你的堵塞，而你的頭腦會開始批判，發出各種聲音。儘管如此，你還是不必聽。就這麼簡單，當你回到「只是樹」的故事，回到樹的本然，只是定定地看著樹，單純地觀照自己的念頭和情緒，「別思考，就只是看」，你便拉出了一點距離，讓你過去堵塞的能量，有空間釋放出來。

麥克．辛格說，你所能做的，就是接受，臣服，讓騷動的能量通過。你只是在其中體驗、經歷，然後學習放下。眞正的你是美好而純淨的能量流，只要去除過去的堵塞，你還是你，也一直都是你，你的本質其實都沒有改變，只是被堵塞罷了。

麥克．辛格也坦言，讓過去堵塞的能量通過，造成身心的不適，是很自然的。因爲它們帶著痛苦的儲存，也會帶著痛苦釋放。它們不想待在裡面，發出各種痛苦的吶喊，是想引起你的注意，並找到出口釋放。

臣服是放手，而非推開堵塞去對抗。當這些來自過去的擾亂出現時，你會發現自己很不舒服。生命的目的就是放棄這些儲存的模式——如果你願意的話。這樣的痛苦會結束所有的痛苦。

在書中，麥克·辛格提出許多釋放自己的方法，如「不對抗，只替換」「先放鬆，再遠離」，以及如何簡單地重複「我一直很好」，提供一個心靈的安全網，在你不小心陷入混亂即將墜落的當兒，知道怎麼把自己抓回來。這些方法都出自他對靈性的洞察和實踐。每次看著他不斷提醒，「你在你之內，你知道你在裡面，也一直都在裡面」，我的眼睛就會跟著透亮起來，自動對焦在內在有意識的覺知上，知道自己一直都在，也一直陪伴著自己。

也不知為何，讀到書中的這一段，突然心裡一陣酸，眼淚就跟著落了下來。

麥克·辛格說，靈性成長談的就是修復心。釋放自己值得你忍受放下過去的擾亂所引起的不適。請記住，發生了什麼並不重要。宇宙中每時每刻都有數以萬億計的事情在發生，但你只能體驗到一件。你怎麼能不欣賞你體驗到的那個？你出生在世上，這就是你的經歷。這就是你的人生：你必須經歷的一連串經歷。感謝它教導你，放下任何覺得它有問題的評判。你的過去屬於你，獨一無二。它發生過。它是神聖的。它很美麗。其他人不曾擁有，也沒有人將會擁有。擁抱你的過去，親吻它——無比愛它。

我想，我會落淚，是因為我知道，對大多數的人而言，生命是艱難的。但是看了麥克·辛格的《活出覺醒》之後，我們願意釋放過去，並對過去說一句「謝謝」。這是麥克·辛格最動人的地方，他讓我們和內在最深的知道連結，活出覺醒，並願意在淚裡含著笑眼，跟過去好好說再見。

（本文作者爲心靈繪畫師、YAI國際靜心引導師、《所有相遇，都是靈魂的思念》作者）

推薦序

靈性書的最高標

于爲暢

麥克・辛格是我很愛的作者之一，愛到會認眞對待他的每一本書和每一段文字。他的《臣服實驗》讓我看到一種異於主流的成功方式，不僅是世俗的成功，更是眞正身心靈和諧下的自我實現。《覺醒的你》讓我更深入理解自己和世界的互動，再度令我腦洞大開。而這本新書《活出覺醒》更是他的終極顚峰之作，看得大呼過癮之外，也讓我彷彿再度靈性升級、法喜充滿。但別誤會這是一本宗教書，書中也以科學與心理學來佐證他的論點。筆觸依舊親民易懂，邏輯清晰強大，比喻的方式生動而精準，眞是又一本讓我愛不釋手的經典好書！

本書架構清楚，作者說生命是由三個客體：外在世界、想法與情緒所組成。我曾經寫過一篇文章，說所有事情的發生，其實都是「中性」的，你覺得是好是壞，端看你如何解讀。進一步來說（或以靈性角度來說），你認爲「壞」的事情，是因爲你「覺得」它壞，就像疫情來襲，影響到你的生計，對你產生壞的結果，所以你給它貼上負面標籤；但假設你是賣口罩、賣酒精的人，你的標籤可能就不一樣。學校停課，孩子在家上學，你可能覺得這也是負面事件，讓你無法有自己的時間；但對我而言，這是一段超級難得的時光，我與老婆孩子每天在家吃吃喝喝，相處時間變多，當我們在二十年後回顧時，一定會非常想念疫情期間的點點滴滴，對我來說，我對「疫情」的解讀就會比一般人來得正面。

在本書第二部「外在世界」，作者也提到同樣概念：宇宙中的所有瞬間，就只是宇宙中的瞬間，是你將個人喜好帶入這些非關個人的時刻，並使它們看起來與個人有關。外在世界只是單純的「發生」，而這件事發生了以後，是你自己賦予它意義。你一直沒有接受事實而活，我們必須意識到這個事實而臣服。

下一部談到心智，他清楚解釋記憶和「業行」的不同，後者就像電視機的殘影，節目雖然繼續播放，但舊圖像仍然存在。作者說，沒有什麼是眞正與個人有關的，但是你選擇用來自過去的凍結圖像，來充滿你心智的神聖空間，很可能在一生中困擾著你。而事實是，生活並未打擊你的弱點，是你將弱點投射到生活中。「業行」毀了你的生活，其實都是你自己一手造成的。

我一邊看書，一邊沉思自省，透過文字去嘗試領悟書中的訊息。作者除了點出問題，在後面幾章還提供具體的做法，包括如何學會放下、清理內在的混亂、面對和突破生命的困境等等。我像往常一樣，用最認眞的閱讀態度去品味書中的許多金句，例如「眼前的這一刻是宇宙給予的禮物。」「這就是靈性——與現實、而非你的個人自我和諧一致。」「你的精神就像是以你的業行爲基礎、在心智中運作的電腦程式。」每一句都發人省思，令我咀嚼再三。

如果說靈性書有所謂的最高標，那我想《活出覺醒》就是了！等此書正式出版上市後，我會買來送給我的親朋好友，讓他們也能享受生命的豐盛，靈性升級，活出覺醒。

（本文作者爲資深網路人、個人品牌創業教練）

【目錄】

第二部　外在世界

第三部　心智

第四部　想法與夢

第五部　心

第六部　生命的困境與超越

第七部　學會放下

第八部　過著接受的生活

第一部 意識覺醒

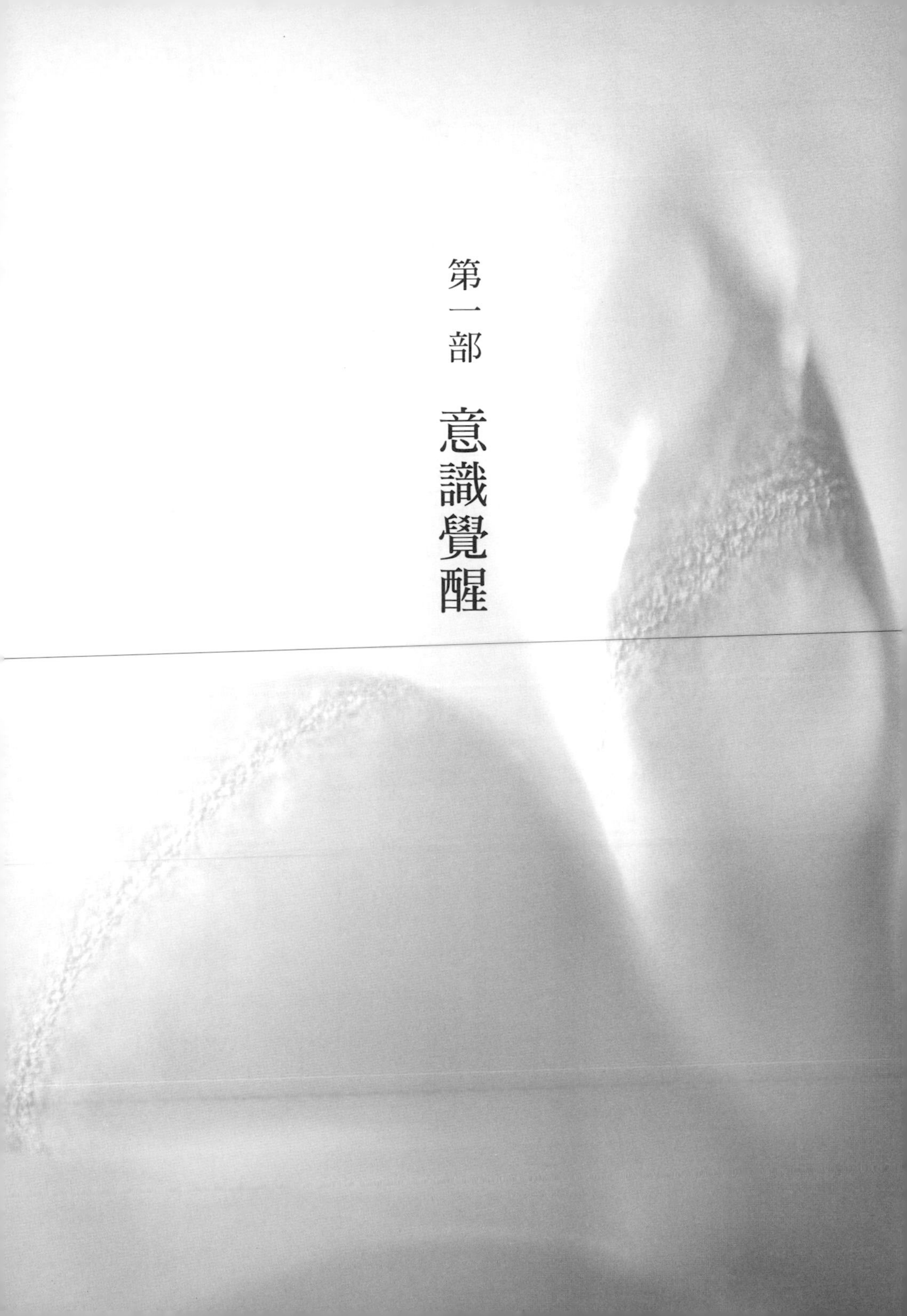

1 在經驗一切事物的，是誰？

人類所處的星球在廣闊的外太空中自轉與公轉，而我們只存在其中數十年，從最廣泛的意義上來說，這就是人類的困境。地球已經存在了四十五億年，但人類在地球上的旅程或長或短、充其量也就約莫八十年。人人都出生在這個星球上，並在死後離開。事實就是如此。然而，我們不能斷定，人類在地球上的這些年會呈現出何等樣貌。地球上的種種生活經歷毫無疑問地能讓人感到興奮，在每個轉折都可能帶給人熱情、激情和靈感，若能以此方式開展人生，每一天都能成爲美麗的冒險。不幸的是，生命很少完全如己所願，如果加以抗拒，過程中很可能會非常不愉快。抗拒會帶來緊張和焦慮，讓生活成爲負擔。

爲了避免上述的負擔，並能夠完全擁抱生命，歷代的智者都教導了接受事實的重要性。惟有接受事實，才能順應生命的流動，創造更美好的世界。所有的科學都是立基於研究事實，學習事實的法則，然後運用這些法則來改善生活。科學家想要投入研究，首先不能否認事實，必須全盤接受。要想飛翔，就必須接受萬有引力定律，而不是否認其存在。在靈性領域也是如此。臣服、接受和不抵抗等教誨構成了深刻的靈性生活的基礎，但這些概念可能很難掌握。透過本書將踏上的旅程，會帶領我們認識，接受是全然明智的，而接受後會帶來美妙的禮物：自由、平和與內在的開悟。對於接受的最佳理解，是不抗拒事實。盡你所能，但沒有人能讓已經發生的事情不發生。你唯一的選擇是接受或抗拒。在我們一同踏上的旅程中，將探討你如何以及為何做出這個決定。但首先你必須了解，誰在你之內掌握決定權。

你當然**在你之內**；你的內在擁有直覺的存在感。那是什麼？是自性覺知，是我們所能討論的最重要課題。既然要以靈性的角度深入探討「接受」，就必須先了解誰在你之內接受或抗拒。

探索自性的本質有很多方法。讓我們慢慢來，從簡單的開始。想像一下有人走過來問你：「嗨，你在裡面嗎？」你會如何回應？沒有人會說：「不，我不在裡面。」

那完全不合邏輯。如果你不在裡面，那回應的是誰？你肯定在你之內，但這代表什麼意思？

爲了區分「你在你之內」的含義，假設有人向你展示三張不同的照片，他分別舉起照片，然後問你：「照片雖然變了，但看到這三張照片的人還是你嗎？」你的回答會是：「當然是同一個我。」非常好，這有助於我們知道自己所處的位置。從這個簡單的練習中，很明顯在裡面的你不是你所看到的；你就是那個正在看的人。照片變了，看著照片的你還是同樣的你。

透過照片不難理解，你不是你所看到的一切，但我們對於有些對象，會比其他對象更認同。例如，我們的身體。我們認同自己的身體到足以說：「我是一個四十三歲的女性，身高一百六十七公分。」那眞的是在你之內的那個人嗎：一個四十三歲、身高一百六十七公分的女性身體？或者身體是你在裡面覺知到的東西？爲了解決這個問題，讓我們從你的手開始。如果有人問你，是否能看到你的手，你會說：「是的，我能看到我的手。」但是如果手被切斷了怎麼辦？不要擔心疼痛，想像一下你的手消失了。你還在嗎？你會不會注意到手不見了？這就像不斷變化的照片：當手在那裡時，你看到了它；當它消失時，你看到它消失了。在裡面「看見」這一切的你，並沒有改變；改變的是你所看到的。你的身體只是你看到的另一個東西。問題仍然存在：在裡面看的人是誰？

請注意，這樣的討論不僅止於手。外科手術已經變得如此先進，在心肺機器和其他醫療設備的幫助下，外科醫生可以切除你的大部分身體，同樣的自性意識卻仍然存在，覺知到這些變化。如果你的身體改變了這麼多，你怎麼能會是的身體，而在裡面的你仍然保持不變？

幸運的是，爲了幫助你了解你不是你的身體，我們眞的不需要做得那麼過頭。有更簡單、更直覺的方法可以解決這個問題。你肯定已經知道，當你三歲、十歲、二十歲或五十歲時，身體看起來會不一樣；當你八十歲或九十歲時，當然也不會一樣。但是在裡面看著這一切的人，難道不是同樣的你嗎？當你十歲時照鏡子，你看到的你，是現在看到的你嗎？不是，但不論當時或現在，難道看的人不是你嗎？你一直在你之內，不是嗎？這是核心，是本質，是我們正在討論的一切。你是誰？是誰在裡面透過那雙眼睛向外看，看見你所看到的？就像當你看到那三張照片時，你不是任何一張照片，而是看著照片的人。同樣地，當你照鏡子時，你不是你所看到的，而是看著鏡子的那個人。

藉由以上例子，我們一點一滴地揭示了自性的本質。你與所見事物的關係始終是主體與客體。你是主體，你所看到的是客體。有許多不同的客體透過你的感官進入，但只有一個主體在體驗這一切，那就是**你**。

2 有意識的接收者

一旦認清你在你之內，就會注意到周圍的客體往往會分散你的意識。鄰居的狗吠叫、有人走進房裡、你聞到咖啡香，你的意識被這些客體所吸引。每天，你都因外在的事物而分心，以至於很少把焦點放在**你**——這個有意識的客體接收者身上。讓我們花點時間來研究你這個有意識的接收者，與使你分心的客體之間的眞實關係。

以科學的角度來看，你甚至沒有看著外在的客體。實際上，你現在並沒有看著你所看到的東西。眞正的情況是，光線從構成外在客體的分子上反彈，這些反射的光線會擊中你眼睛的光受器，並透過視神經傳回訊息。然後，這些訊息會在大腦中呈現出外在客體的圖像。因此，你實際上是在你裡面看到客體，而不是在外面。

我們正在慢慢抽絲剝繭，以了解作爲你是怎麼回事。事物肯定不是表面上看起來的那樣，甚至科學研究也支持這一點。就像你坐在裡面，在腦海中看著一個正在反映面前世界的平板顯示器。你顯然不是你正在看著的客體；畢竟，你甚至沒有看著實際的客體／對象。如果回到剛剛的討論，問題就變成：「誰在裡面看著我面前出現事物的心理圖像？」

印度有位偉大的聖人，是名叫拉瑪那·馬哈希（Ramana Maharshi）的開悟大師。他在修行之路中，無時無刻不在問：「我看見的時候，是誰在看？我聽到的時候，是誰在聽？我感覺的時候，是誰在感覺？」**自我了悟**，這個瑜伽大師帕拉宏撒·尤迦南達（Paramahansa Yogananda）用來描述開悟的詞，意思是你已經完全理解是誰在你之內。回到自性之位的整個靈性旅程，無關乎找到自己，而是要了解你就是自性。即使在猶太—基督宗教的教義中，如果有人問，他們是否擁有靈魂，正確的答案是：「不，你並不**擁有**靈魂。在裡面的你，也就是意識，本身**就是**靈魂。」因此，「你是誰？」成爲典型的問題。在明白受到束縛的是誰之前，你無法釋放自己；同樣地，在了解抗拒的是誰之前，你也無法理解接受。

讓我們繼續探索自性。前面我們談到，年輕時，你透過眼睛向外看，在鏡子裡看到了你的映像。在之後的人生中的某個時刻，你會看到非常不同的映像。從這個角度來看，你幾歲？不是你的身體幾歲，而是在裡面透過眼睛看著身體的你幾歲。如果你十歲的時候在裡面，如果你二十歲的時候在裡面，如果你臨終前發現自己快死了，在裡面的你是幾歲？不要回答這個問題，讓問題深深觸動你。你願意拋開關於年齡的傳統觀念嗎？

讓我們再做一個有趣的實驗。想像一下，你剛洗完澡在照鏡子。你看到男性或女性身體的映像？如果突然間，因爲某種神秘的力量，發生了變化怎麼辦？不知何故，身體部位發生了變化。如果你原本是男性，現在鏡中的你變成女性；如果你原本是女性，現在你正看著鏡中的男性。你還是那個在裡面看著身體的你嗎？還是那個一直透過那雙眼睛向外看，現在看到一副完全不同的身體的意識嗎？你可能會說：「發生了什麼事？這是怎麼回事？」然而，還是同樣的你在感受這完整的體驗。在裡面的你是什麼性別？在裡面的你沒有身體部位，不能有性別。你所能擁有的只是覺知，當你透過眼睛向外看時，看到的身體具有一定的形態和形狀，這種形態和形狀可能是男性或女性，但注意到這些的你兩者皆非。

問題仍然存在：**你**是誰，那個直覺知道你在裡面的意識是誰嗎？你的身體有年齡、有性別，但這些概念與注意到身體的人無關。如果你看著一個一百歲的高大古董花瓶，會讓你變成同樣高大的一百歲人瑞嗎？種族也是如此。你的膚色可能是某種顏色，但注意到這一點的意識本身根本不帶顏色。你不是你的身體，而是注意到你身體特徵的人。你是內在有意識的覺知，正在注視著這一切。問題是：**你願意放下你認為的那個你嗎**？因爲你以爲的你，並非眞正的你。同一個內在存有正看著你的身體、你的房子、你的汽車。你是主體；其餘的都是意識的客體。

讓我們轉向討論一些更輕鬆的話題。晚上睡覺時，你經常做夢。你早上醒來說：「我做了一個夢。」這個陳述其實非常深奧。你怎麼知道你做了夢？你只是記得那個夢，或是你眞的在裡面經歷過這一切？答案很簡單：你在裡面經歷過。那同一個透過眼睛看到外在世界的你，經歷了夢中發生的事件。內在只有一個有意識的存有，你不是經歷清醒的世界，就是經歷夢的世界。請注意，在描述你與這兩個世界的互動時，你會直覺地使用「我」這個字，例如：「我張開雙臂飛過雲層，然後突然醒來，意識到自己在床上。」

在非常古老的瑜伽著作《瑜伽經》中，帕坦迦利討論了無夢的深度睡眠。他說，睡著時沒有做夢，並非沒有意識，而是什麼都沒有意識到。如果花時間思考這個問題，會發現在裡面的你總是有意識的。即使是昏倒或昏迷的人，醒來後也經常分享自己的經驗；有瀕死體驗的人，也會講述離開自己的身體又回來的經驗。無論這些經驗的來源是什麼，在裡面的同一個你經歷過這一切，並能夠描述你所經歷的，那你怎麼能稱之爲無意識呢？在醫學上，我們所說的「意識」與我們對外在環境的覺知有關，但是，在裡面的你是否有意識地覺知到任何事物這個概念，完全是另一回事。你總是有意識的，從出生就有意識。你覺知到你所關注的，無論是內在還是外在。你是誰？裡面那個有意識的存有是誰？

3 你的內在是什麼狀況？

我們回到了生命最基本的眞理：你在你之內，知道你在裡面，也一直在裡面。這也引發一些有趣的提問，例如，當身體死去時，你還會覺知到存在嗎？這個問題不是很有趣嗎？不要激動，我們不會回答這個問題。然而，最終會有人給出答案，那就是**你**自己。肯定有那麼一天，你會親身了解，在身體死後你是否會在裡面。爲什麼死亡帶給人那麼多困擾？死亡肯定是生命中最令人感到激動的事之一。這眞是絕無僅有的經驗！在死亡之際，答案就在那裡等著你。在最後一刻之後，你不是在裡面，就是不在。如果你不在裡面，請別擔心。這不像是：「哦，天哪，我不在這裡。我不喜歡這樣。」不是這樣的。因爲你不在裡面，所以這不成問題。然而，另一種選項有趣許多，那就是，萬一你在裡面會怎麼樣？然後你會了解，探索沒有了身體的你在另一個宇宙是什麼感覺。我們不要繼續討論下去，因爲這涉及了人們對這類主題的信仰、概念或看法。且讓我們期待死亡會成爲一生只有一次的終極體驗。

有些人對死亡感到如此困擾的原因是，他們認同自己的身體。這還不夠，他們也認同自己的汽車和房子。人們將自我意識投射到和自我無關的事物上，當這種情況發生，他們會害怕失去這些事物。而當你一步一步邁向內在成長時，將不再認同這些外在的客體。你會認同內心深處的自我意識。

既然你顯然就在你之內，我們可以合理地提問：你在裡面做什麼？更重要的是，那裡面是什麼樣子？這個提問多有趣：那裡面是什麼樣子？如果人們誠實地回答，人多數人會說，在裡面並不總是十分有趣；事實上，有時根本艱如登天。這是怎麼回事？我們現在可以眞正誠實地討論內在成長。大多數人並不了解，那裡面其實可以一直美好。試想人的一生中可能發生的最美好事物：抱著第一個孩子，婚禮當天，初吻，中彩券。回想那個狀態，然後將感覺加強好幾倍，並一直保持這種心情，甚至可能變得更興奮。那就是你能夠在你之內體驗到的。這是事實。在裡面眞的很美好，但某些事會來擾亂。想像一下走進一間到處都是泥土、香蕉皮和披薩餅皮的房子。房子其實很漂亮，但乏人照顧。這間房子可以再次變得美麗，但需要做些努力。這正是你內在的情況。事實上，這就是我們進行這種內在探索的原因。每個人想要的都相同：希望在裡面很美好。

人們想方設法要在裡面變得更好。有些人四處奔波，試圖獲取刺激的經歷、尋找滿意的關係，甚至以酒精或毒品來消除緊張情緒——這一切全都出於同樣的原因。問題是他們以錯誤的方式處理問題。他們問的是，在裡面**如何**變得更好，但其實更相關的問題是，**為什麼**你在裡面覺得不好？如果你找到原因，並且擺脫這種狀態，你會發現在裡面眞的很好。生命不必是一場競賽，比著「既然在裡面不好，我需要找到能夠彌補這一點的事物，讓自己感覺好一點」。但每個人都在做這樣的事：試圖從外在世界找到人、地、事物，能夠以讓內在更加舒適的方式展現。人們試圖用外在來修復內在，然而最好的方法，是找出爲什麼內在一開始就不好。

4 你於內在體驗到的三件事物

「我在裡面。我有意識，我意識到這裡面並不總是那麼美好。」

以上這個**誠實的陳述**，是我們繼續探索自性和接受的力量時，一個美妙的跳板。什麼經歷會讓你在裡面有時覺得美好，有時卻覺得非常艱難？你在裡面只經歷了三件事物，我們來瞧一瞧。首先，你透過感官體驗到外在世界。外面有一整個世界，其中來到你面前的事物透過眼睛、耳朵、鼻子、味覺和觸覺進入。進入的時候，不是愉快的體驗，就是不愉快的體驗，又或者是一掠而過的體驗。因此，你所應對的外在世界對你的內在狀態有著深遠影響。

儘管外在世界勢不可擋，但這並非你內在的全部體驗。你在裡面還有想法。你聽到這些想法說：「我不知道我喜不喜歡這個。我甚至不明白她爲什麼要這麼做。」或者：「哇！我想要一輛這樣的車。我會在連續假期去鄉下開車兜風。」如果問你，是誰在你的腦海裡說這些話，你可能會說是你。但不是你。那些只是想法，而你是注意到這些想法的人。腦海裡的所思所想只是你在裡面注意到的另一件事物。你注意到這個世界從外面進來，你注意到裡面產生的想法。

想法從何而來？稍後我們將詳細討論這一點，但是現在，請了解想法和外在世界是你於內在體驗到的三件事物中的兩件。第三件事物是你的感覺或情緒。有些感覺乍然而至，比如恐懼。你的大腦會說：「我感到害怕。」但如果你其實並未**感覺**到害怕，影響就會小得多。事實上，你確實體驗到了導致問題的恐懼情緒。有些感覺很愉悅：「我感受到愛。我感受到從來不曾感受過的愛。」你喜歡那種感覺。有些感覺不愉悅：「我同時感到恐懼、尷尬和內疚。」你不喜歡這樣，對吧？

我們在探索自性上已經有了很大的進展。我們證明了你在裡面，最有力的證據是你知道你在裡面。這是你的**覺知之位**。每當你迷失時，只要站在鏡子前說：「嗨，你在裡面嗎？」向自己揮手，然後意識到：「是的，我看到有人在揮手。看到有人揮手的我是誰？」這麼做就能回到你的覺知之位。當你在裡面時，注意你還覺知到什麼。

注意透過感官進入的周遭環境、心中浮現的想法，以及任何在內心浮現，引起舒適或不適感覺的情緒。這三種內在體驗成為競技場，你的意識在其中參加地球上的生命遊戲。

最重要的是，你在裡面一點勝算也沒有。這三種體驗的不斷猛烈攻擊，就像一個大馬戲團一直在內在上演。結果如此難以忍受，就像一場針對你而來的陰謀。外在世界對你的想法有重大影響，而你的想法與情緒一般來說都會一致。當你的頭腦說「我不喜歡這個」時，你的心很少會感受到巨大的愛。假設佛瑞德經過，你的頭腦說：「我不想見到佛瑞德。我們上次吵架之後，我看到他就不舒服。」你會開始感受到恐懼。你一直覺得很好，直到某個事件從外在進來，接管了你的想法，並產生難熬的情緒。你會被吞進那種難以忍受的體驗中。現在如果問你：「居於內在是什麼感覺？」你可能會說：「感覺非常緊張。我經常感到迷惘，掙扎著想要好起來。」不是那麼有趣，對吧？

佛陀說有生皆苦。這麼說並非表達負面想法。所有的生命的確都在受苦，無論你是富人、窮人、生病、健康、年輕或年老。當然，有時候你並未受苦，但絕大多數情況下你都在試著讓自己覺得好。而這就是我們所說的受苦。你會在某個時刻意識到這就是你一生所做的一切——努力讓自己覺得好。這就是你小時候哭的原因——你在裡面感覺不好。這就是你想要某種玩具的原因——你以爲玩具會讓你好起來。這就是爲什麼你想和這個特別的人結婚。這就是你想去歐洲或夏威夷度假的原因。到了某個地步，你意識到所做的一切都是爲了讓自己覺得好。首先你想著什麼會讓你覺得好，然後採取行動，嘗試讓希望成眞。

試著讓自己覺得好是什麼意思？一方面，這意味著試圖讓你的想法與情緒更容易接受。有些很好，也有些不太好，而你當然喜歡好的。這就是你正在努力處理的。你希望自己的思想正向、振奮人心且美好，問題是現實的外在世界可能會影響你，並導致想法與情緒變得難熬。這就是生活讓人難以忍受的原因。

這種與世界、想法與情緒的互動引發了一些非常有趣的問題。這三樣東西是什麼，又來自哪裡？你對它們的控制程度如何？爲什麼有時讓你感覺良好，有時卻讓你感覺不好？我們將詳細探討。而當我們完成時，你會意識到眞正重要的不是想法、情緒，也不是外在世界。眞正重要的是在裡面的**你**，正在經歷這些事的你。**你**好嗎？我們將發現，在裡面的你，高於你曾經有過的任何經歷。看到這一切的人是整個宇宙最美好的存有。如果你能找到回到自性之位的路，那就是你要去探索的地方。這就是耶穌基督教給你的，佛陀教給你的，每個傳統的偉大靈性導師教給你的：天國就在你之內。在裡面的你是非常偉大的存有，按照神的形象所造，但要知道這一點，你必須讓自己從所有的內在騷動中解脫出來。

5 探索事物的本質

你的全部生命是由有意識地體驗意識的三個客體（外在世界、想法與情緒）所組成。現在，我們已經準備好探索這些體驗的起源和本質。當你了解這一切來自哪裡，擾亂你的力量就會減弱，你也更能知道自己比較想要接受或拒絕。我們研究這些意識的客體，不僅是爲了獲得知識，也是爲了獲得自由。

讓我們討論一下在你面前流動的世界的本質。在你眼前來去匆匆的每一刻，就像電影的畫面。時刻永不停竭，只是在時間和空間中不斷流動。這些時刻從哪裡來？爲什麼你會以這樣的方式體驗？你與眼前發生的事情的眞正關係是什麼？

也許比外在世界更有趣的是，我們將探索思想與情緒的本質，包括它們如何以及爲什麼不斷改變。儘管這三個意識客體都在不斷變化，但你是一直在裡面體驗的存有。你的本質是什麼？意識到有意識，是什麼感覺？這就是所有靈性的意義所在。當你不再被三大干擾源中的任一個擾亂時，你的意識就不會再被那些客體吸引，而是會很自然地把焦點放在意識的源頭。就像手電筒照在各種物體上，如果不看著被照亮的物體，而是看向光本身，你會意識到，照射在所有不同物體上的，是相同的光。同樣地，覺知到所有在面前通過的客體的（無論是外在還是內在），是同一個意識。你就是那個意識。當你回到意識的源頭時，這會是你所經歷過最美好的事。

那就是我們正要展開的旅程——擺脫那些讓我們遠離偉大並在生命中掙扎的干擾源。一旦了解你正在對抗的這些客體的性質，會很自然地能夠放開它們對你的控制。這種放下的行爲就代表了「接受」和「臣服」。你的內在狀態非常平靜，不會被世界、你的思想，甚至情緒所擾亂。這些客體可以繼續自由存在，但將不再主宰你的生活。你可以自由地在生活中充分互動，但是這樣的互動是出於愛與服務，而非恐懼或欲望。

現在你明白了這本書的根本目的：讓你學會如何放下三大干擾源，回到存在的本源。正如你將看到的，這是你在世上充分享受時光的唯一方式。這就是**活出覺醒**、**活**

得無拘無束的眞正意義。回到你的核心並不需要強有力的練習，最崇高的途徑是從日常生活中學會逐漸放開擾亂你意識的事物。透過接受而非抗拒，你最終會獲得永久的清明之位——建立在自性之位上。你將活在所經歷過的最美好的能量中，而能量永不耗竭。在生命中的每一刻，都會有股美好的能量流不斷在體內升起。

我們將以非常科學的分析方式來處理釋放自己的過程。這麼一來，你對於在面前通過的三個意識客體，將會感到非常自在，以至於不再需要終其一生去控制你的體驗。你會看到，這些通過的客體代表了存在的較低層面：身體、想法與情緒。與此形成鮮明對比的是，你可以學會在存在的更高層面，也就是意識的覺知之位，建立自己。你可以在完全自由和幸福的狀態下生活。

準備好了嗎？讓我們開始這段旅程，探索外在世界、想法與情緒的內在世界，以及體驗這一切的意識。讓我們深入了解這條接受通過面前的一切之路。

第二部 外在世界

6 在你眼前的這一刻

在通往內在自由的道路上的每個階段，保持洞察力必不可少。我們不斷回歸的堅實基礎就是你在你之內；你知道你在裡面，你一直都知道你就在裡面，但因爲你太過全神貫注於內在及外在發生的一切，以至於無法專注於你就在裡面的事實。你迷失在意識的客體中，而非專注於意識的源頭。靈性覺醒談的是不讓意識困在意識客體中。要做到這一點，了解你每天處理的意識客體的性質，將會非常有幫助。

先從外在世界開始探索。透過五種感官所接收到的是日常體驗的重要組成部分。你每天都淹沒在無窮無盡的視覺、聽覺、味覺、嗅覺和觸覺中。如果要深入探索，成爲你這個居住在裡面的有意識存有是什麼感覺，就需要花時間徹底了解，構成你生命重要部分的外在世界。外在世界究竟有什麼、來自哪裡，和你又是什麼關係？

讓我們從探索你與周圍世界的關係開始吧。首先，我們將發表你可能不會同意的聲明：**在你眼前的這一刻絕對與你無關**。在你發出異議之前，看看眼前的這一刻。什麼也不要做。不要加以沉思或試圖對其抱持正向態度，只要注意在你眼前有那麼一刻。現在，向左看，你的眼前有不同的一刻；向右看，還有另一刻在你面前。在你看到之前，那些時刻就已經存在；當你看完時，也仍然會在那裡。現在世界上有多少時刻你未曾看見？整個宇宙中呢？你必須承認，那些時刻與你無關。它們屬於自己，也屬於它們與周遭一切的關係。你沒有創造它們，也沒有讓它們來來去去。它們就只是在那裡。你眼前的這一刻只是宇宙中的另一個瞬間，即使你不看，它也存在。這完全非關個人。

儘管如此，你眼前的這一刻似乎並非與個人無關，而是很有關係。這就是爲什麼它會讓人感到如此困擾。當眼前的這一刻呈現的方式並不如你所願時，你會感到痛苦；而當它符合喜好時，你會感到高興。正如我們將在後面的章節中探討的那樣，這是因爲你將某樣東西帶入了當下，而這樣東西原本並不屬於當下。宇宙中的所有瞬間就只是宇宙中的瞬間，是你將個人喜好帶入這些非關個人的時刻，並使它們看起來與個人有關。

這是我們第一次看到，放棄既有看待事物的方式有多麼困難。我們完全願意承認，在廷巴克圖這座城市現在發生的事情與我們無關；同樣地，我們可以毫無疑問地承認，土星環、木星上的大風暴和火星的沙塵與我們無關。換句話說，宇宙中有超過九九．九九九九九％的事物與我們無關，但在某種程度上，那○．○○○○一％與我們有關。與我們有關的○．○○○○一％是什麼？就是在你眼前的這部分。在某種程度上，因爲你正看著這一刻，它不再屬於非關個人的宇宙，而是與你有關。

問題是，因爲將個人喜好帶入這一刻，你這一生都把眼前這一刻看得太過重要。請注意，數十億個沒看見你眼前這一刻的人，對它沒有任何意見。他們對此毫不在意。這一刻不會激起別人產生任何想法，也不會激起別人的情緒。當你不再體驗這一刻時，它通常也不會困擾你；相反地，你轉向下一個困擾你的時刻。「她爲什麼坐在哪裡？」「她在跟誰說話？」「燈光太亮了。」突然之間，這個新的時刻開始影響你，因爲你正看著它。事情的眞相是，它在你看到之前就已經存在。**你將了解的最令人驚奇的其中一件事，就是你眼前的這一刻並沒有困擾你，是你為了眼前的這一刻自尋煩**

惱。它與個人無關，是你讓它變得個人。無論何時，宇宙中都有無數的時刻在展開，你與它們的關係完全相同：你是主體，它們是客體。

即使你在理智上了解這個事實，仍然不會那樣看待日常生活。為了給你更多的幫助，讓我們前往舊金山的漁人碼頭進行田野調查，俯瞰美麗的太平洋。當你向外凝視時，問你自己，眼前所見是否與你有關。你看到海浪，看到浪花，甚至可能看到鯨魚或海獅。以上事物恰好於那一刻在你眼前展開。如果你在不同日子，甚至不同時間來，所見會完全不同。但這不會困擾你，只有當你帶著個人喜好來到碼頭時，才會對你有所困擾：「我想看鯨魚。」「我想看看大家說的巨浪。」有了這些偏好，你所獲得的體驗，將與那些只是來看看那天太平洋是什麼樣子的人截然不同。一個人可以單純享受這種體驗，另一個人則必須努力使體驗符合個人喜好。

在以上看海的例子中，不難看出，眼前的這一刻與你無關，你有權單純地享受體驗。因為你通常不會認為自己與海洋有密切關係，所以和看待餘生比起來，更容易單純享受體驗。但毫無疑問，無論你是在看海還是在生活中，你與眼前事物的關係其實都一樣。這些時刻正是在你碰巧所處的宇宙中那個特定時間和地點碰巧發生的事，都與個人無關。但既然看起來，你認爲眼前的這一刻與你極爲相關，就讓我們繼續探索外在世界，看看這一刻來自哪裡，爲什麼會如此呈現。

7 你所生活的世界

如果你想知道眼前的這一刻來自哪裡，向科學家尋求答案有其道理。早在亞里斯多德和柏拉圖的時代，他們就已經對此進行了研究。人類從存在之初，就一直在思考：**這一切從何而來**？**是什麼造成的**？**為什麼在這裡**？如果我們今天問科學家，他們會說，當你看外面的世界時，你所看到的實際上是小得多的物體的混合。你的視力和所有的感官都是平均分配的分子結構。正如我們已經探索過的那樣，你實際上並沒有在看世界，是世界透過你的感官進入你。

要了解如何運作，就來細查顏色的本質。當你看著這個世界時，肯定有顏色。但除了光本身，物體沒有顏色。你之所以感覺到顏色，唯一的原因是從物體反射回來的光有顏色。如果檢查稜鏡，你就會發現這一點。如果讓光照射過稜鏡，會得到不同的顏色，稱爲**電磁頻譜**。光具有不同的波長，而你將每個可見波長視爲顏色。我們都知道，彩虹的顏色是紅、橙、黃、綠、藍、靛、紫，構成了光譜可見部分的顏色。當光波擊中一個物體時，該物體的不同原子和分子會吸收一些光頻率，並反射另一些。物體本身沒有顏色，而是它們反射的光具有我們感知到的不同顏色。這是完美的例子，可以說明眞相並不總是如它展現的樣子。當我們細查意識經驗的眞實本質時，將一次又一次地了解這一點。

科學家過去認爲原子是最小的單位，不能再細分。今天我們知道原子是由電子、中子和質子所組成，構成日常一切的基本單位。我們可以在這裡停下來，用非常個人化的方式來看待事物，找點樂子。例如，當你說喜歡某樣東西時，到底是什麼意思？你聲稱喜歡的是什麼？如果你喜歡牆壁的顏色，這就像在說，你喜歡電磁頻譜的一部分，而非其他部分。對於任何外在物體也是如此。你眞的喜歡某些原子，而非其他原子嗎？這有點奇怪，不是嗎？這個事實非常強大，因爲你所看到的只是一堆光照射到它們身上又反射回來的原子。

科學家經過數百年的研究後告訴我們，原子透過共價鍵和離子鍵的法則聚集成分子。乍聽之下可能很複雜，但它們實際上只是決定哪些原子將結合在一起的磁性法則。反過來看，這些法則決定了你在外在世界會看到什麼。當然，在這個層面上，你可以知道，這完全與個人無關，與你無關。你無法決定哪些原子或分子自然結合在一起，這些法則已經在整個宇宙中進行了數十億年。

科學家告訴我們，目前已知宇宙中只有一百一十八種化學元素，其中九十二種爲天然元素。以上構成了元素週期表。元素週期表代表了你在生命中每一刻所見及所動的一切的基石。不僅在地球上如此，我們所知的恆星、行星和任何地方的一切，都由這些基本元素所構成。許多人都曾在學校學過自然科學，但如果將所學應用到日常生活中，會是如何？在你面前的只是大量的原子因爲自然法則而聚集在一起，一切都只是科學，沒有什麼與個人有關。因爲原子流經過你身邊而覺得不舒服，這一點也不合邏輯。爲什麼你會因爲一堆原子如何結合在一起而感到不悅？別擔心，我們在本書中將充分探討個人因一堆原子而感到不悅的現象。

從這裡開始會變得非常有趣，因爲問題變成：「原子從哪裡來？」我們現在要探究物質的起源。了解原子的來源可以讓你了解自己在宇宙中的位置。你的日常生活中正在發生的，是你的意識正在看著聚集在一起的電子、中子和質子，形成原子和分子。既然這是你生活的世界，讓我們花時間探索這一切的起源。理解這一點，有可能改變你對生命的完整看法。

8

物質的起源

如果研究物質的起源，會發現全世界的科學家都非常同意一個基本的宇宙模型。他們了解到，大約一百三十八億年前發生了一次巨大的爆炸，稱為**大爆炸**。在爆炸之前，人們認為所有的星系和其中的一切，也就是宇宙的所有質量和物質，都裝進一個比原子還小的空間。這是現代科學的說法，而非某種瘋狂的理論。讓我們以敬畏與感激為目標，探索宇宙的科學如何在靈性上解放我們。

大爆炸之後，向外擴散的能量熾熱無比，沒有任何形狀或型態，只有不受控制的輻射。在幾分之一秒內，次原子粒子開始從這個能量場中形成。因為輻射太熱，並以光速膨脹，所以我們知道的任何元素都還無法形成。整個宇宙大約有三十八萬年沒有型態。之後，輻射冷卻到足以使基本的重力和電磁力將次原子粒子拉到一起，形成第一批原子。我們將這些次原子粒子稱爲電子、中子和質子。所有物質都是從最初的能量場和從該能量場發射的次原子粒子產生的。現代科學稱其爲**量子場**，而量子物理學這門科學研究的，就是這些次原子粒子，以及它們如何創造我們所知的物質。

第一批原子是氫，因爲氫的結構最簡單：一個負電子和一個正質子。這些粒子受到磁力影響，相互吸引形成原子。隨著氫原子開始形成，大量的厚氫氣雲聚集在一起。當這些雲層變薄，稱爲光子的次原子光粒子開始逸出，於是成爲我們所知道的光。有趣的是，《聖經》說：「起初……地是空虛混沌，淵面黑暗。」（〈創世記〉第一章·第二節）這與科學的看法非常接近。在那些初始時刻，沒有光可以從超厚的氣體雲中逸出；一旦膨脹使雲變得夠薄，突然「要有光，就有了光。」（〈創世記〉第一章·第三節）令人驚奇的是，〈創世記〉所描述的創世之初，與以科學爲基礎的現代宇宙學十分相似。

現在我們了解氫原子從何而來，可以探索構成世界的其他元素的來源。隨著膨脹的速度慢下來，另一種基本力量開始發揮作用，那就是重力。當然，重力是將有質量的物體拉在一起的力量。由於氫原子有質量，當原子靠得更近時，引力變得十分強大，以至於將兩個原子融合為一個；當兩個氫核融合為一個時，就會產生一個氦原子。這種將較輕元素融合成較重元素的過程，稱為核融合，在整個宇宙中已經進行了數億年。

值得注意的是，每次這種兩個原子的融合發生時，都會釋放出巨大的原子能。突然間，整個宇宙開始發生核爆炸，釋放出強大的輻射能量，於是誕生了我們所說的最初的恆星。恆星由氫原子融合而成，氫原子會釋放出巨大的能量，並留下氦原子作為其副產品。你可以把氦看成是氫融合過程留下的灰燼。在大爆炸後氫氣雲最厚的地方，第一批最初的恆星開始燃燒。這實際上就是恆星的起源。你今天看到的每一顆恆星，都是透過氫融合過程誕生的。

雖然這一切始於一百三十八億年前，但我們今日有科學證據。此時此刻，星球正在誕生，我們可以觀察其過程。如果你有倍率夠高的雙筒望遠鏡可以看到獵戶座星雲，你會看到裡面有星星在雲氣中閃耀。像獵戶座星雲和馬頭星雲這樣的星雲，不僅僅是發光的彩色氣體雲所組成的美麗圖畫，更是星星的托兒所。恆星在這些氣體雲中誕生的過程，與一百三十八億年前第一批恆星誕生的過程完全相同。星球誕生，而我們將看到，它們也會在宇宙的生命週期中消亡，這反映了地球上正在發生的事。

到目前爲止的探索中，我們的宇宙僅限於氫氣和氦氣，以及照亮宇宙的明亮燃燒恆星。但是，我們每天與之互動的外在世界要複雜得多。其餘的來自何處？要了解這一點，我們必須先仔細看看恆星的生命週期。隨著恆星內的氫氣不斷融合，重力會拉動產生的氦進入恆星的核心，因爲氦比氫重。這增加了核心的引力，到足以抵消氫融合時造成的爆炸所產生的向外輻射。這就是恆星保持穩定的方式。而當恆星用完融合的氫時，會發生什麼事？那就是步向死亡。

在死亡過程的早期階段，任何殘留在核心之外的氫都會開始燃燒，並向外膨脹，形成一顆比原始星球大許多倍的「紅巨星」。由此看來，當一顆太陽大小的恆星開始耗盡燃燒的氫氣時，會膨脹成一顆大到足以吞噬地球的紅巨星。但別擔心，科學家估計太陽的氫氣足以再燃燒五十億年。

同時，隨著恆星停止氫融合，氦核的引力會越來越大，因爲不再有融合產生的爆炸來抵消引力。這顆恆星將開始往核心塌縮。根據恆星的原始大小，它的核心不是飄入太空，就是核心上增加的重力將大到足以開始將氦融合成更複雜的元素，例如碳。

這些更複雜元素的融合過程，會讓恆星重新燃燒，甚至比以前更熱。根據恆星的大小，這些「垂死掙扎」會一次又一次繼續。經過一個又一個週期，越來越多的複雜元素將成爲較輕元素融合的副產品，最終恆星會在燃料耗盡時再次開始塌縮。每次發生這種死亡循環時，都會產生越來越多元素週期表中的元素。

一顆恆星會經歷多少次死亡和重生的循環，取決於恆星的原始大小。恆星越大，其塌縮過程中運用的引力就越大，因此可用於重新點燃更複雜元素融合過程的力量也越大。在大多數恆星中，當融合的副產物是鐵（元素週期表中的第二十六個元素）時，這個過程就會停止。這是因爲鐵在融合時吸收的熱量比融合過程產生的熱量還多，所以鐵不會維持融合反應。大的恆星將進行其過程，直到出現鐵心，先前週期中未完全燃燒的剩餘元素則形成包圍鐵心的殼。這就是元素週期表中較輕的元素（1到26），從氫到鐵所有元素產生的方式。

儘管這一切都很有趣且富有教育意義，但請記住，本次討論的目的是了解「外在世界」的起源。儘管看起來很神奇，構成我們世界的元素是在恆星中鍛造的。以你的身體爲例，我們已經解釋你身體所有組成元素的來源——它們是讓星星發光的事物的直接副產品。人體幾乎百分之九十九的質量由六種元素組成：氧、碳、氫、氮、鈣和磷。這些元素都比鐵輕，因此是由普通恆星的燃燒所產生的。我們知道以上這些都是事實，而不是理論。科學家研究了恆星生命週期各個階段的恆星，我們知道它們是由什麼構成的。無論如何，有些人會問：「這些科學事實難道不會挑戰我對神是宇宙創造者的信念嗎？」恰當的回答是：「當然不會。它們只是向你展示，神如何創造宇宙中所有的結構。」

星星是用來創造宇宙的熔爐。你與之互動的每一個原子都是在恆星中創造出來的，而此時此刻，數十億顆恆星正在鍛造更多的元素。匹茲堡有非常熱的煉鋼爐可以鍛造鋼，我們用這種材料建造巨型摩天大樓；同樣，恆星是鍛造我們每天與之互動的原子的熔爐。希望你再也不會以從前的心態仰望星空。

9 創造的力量

既然我們已經了解一般的恆星如何創造世界中較輕的元素，那麼可以繼續討論一個更有趣的話題：元素週期表中較重的元素如何產生，例如金、鉑和銀。較重的元素是原子序大於鐵（26）的元素。鐵形成了分界，因爲它在融合過程中吸收的熱量多於釋放的熱量，所以不會散發出足夠的熱能來阻止恆星塌縮。除非最初的恆星一開始就特別大（「紅超巨星」），否則它最終會在塌縮到鐵心時死亡。

紅超巨星死亡期間發生的事，是已知宇宙中最令人驚奇的事件之一，提供了製造更重元素所需的能源。如果恆星在塌縮前夠大，塌縮的強度實際上可以摧毀核心中的原子。這種巨大的力量不是將鐵原子融合在一起，而是將它們的電子推入原子核本身。由於電子帶負電而原子核中的質子帶正電，因此它們相互吸引，並形成不帶電荷的中子。一旦發生這種情況，鐵心就只剩下一團緊密堆積的中子。沒有原子——沒有電子，也沒有質子。這顆大恆星塌縮到中子的強度，已經破壞了我們所知道的物質結構。

剩下的是中子星，它的體積很小，質量卻很大。中子星實際上大約像一個城市那麼大，質量卻比地球重三十萬倍以上。中子星的密度如此之大，如果你將一茶匙的中子星帶到地球上，它的重量將達到十二萬億磅。

恆星核心塌縮成中子所釋放的能量如此強大，以至於產生了稱爲**超新星**的巨大爆炸現象。如此巨大的爆炸，導致一顆超新星發出的光，比其銀河系中數十億顆恆星的總和還要多。這是我們在宇宙中發現最明亮、最強大的爆炸。

事實證明，超新星爆炸期間產生的巨大能量，正是創造我們每天與之互動的其他元素所需要的。在輕元素產生過程中重力無法做到的，超新星的大規模爆炸卻能做到，那就是融合較重的元素。下次當你看著黃金打造的婚戒或打開錫罐時，可以想想，這些元素需要綜合數十億顆星星的力量才能存在。

每天與你互動的無數物體包圍著你，巨大的摩天大樓和微小的迴紋針，都可以毫不費力地透過你的感官進入。從根本上說，這些物體每一個都由原子組成——你剛剛花時間了解這些原子從何而來，以及它們並非由你創造，而是在恆星中創造的。這應該有助於讓你謙卑，讓你敬畏在面前顯現的創造的力量。希望這種深刻的謙卑和敬畏感，會幫助你走向自由和解放的靈性之旅。

10 你眼前的一切非關個人

我們剛剛探索了你周圍的世界來自哪裡。它始於大爆炸，然後透過原子融合過程產生了各種不同類型的元素。當恆星在死亡時爆炸，外殼中的所有物質都會被吹到星際空間中。碳、氧、矽、金及銀，都以元素雲的形式飄浮在太空中，然後重力將它們拉在一起，形成行星。地球就是這樣由九十二種自然元素形成的，而這些元素都是在恆星中所形成。這個過程已經持續了超過一百三十億年，你每天接觸的一切都是由這個「星塵」所組成，包括你的身體。這是事實，我們應該記住，並經常加以思量。

讓我們回到最初的討論。一開始討論的事實是，總有一個時刻在你眼前。只要睜開眼睛，就在那裡。現在我們知道它從哪裡來。你眼前的這一刻來自恆星。原子在太陽能熔爐中一起烘烤，然後被拉到我們稱之爲地球的團塊中。你在科學課上學習了接下來發生的事。根據電磁法則，這些元素結合在一起，形成穩定的分子，例如兩個氫加上一個氧就形成水。由於這些法則的相互作用，海洋中有水。而隨著其他更複雜的分子形成，創造了原湯，生命有機體由此形成。你身體中每個細胞的每個部分，都是由數十億年前在恆星中創造的元素所組成。

這解釋了你的身體從哪裡來，但並未解釋**你**從哪裡來。你不是由原子構成的；你是覺知到由原子構成的物體的意識。你的身體可能是達爾文演化論漫長過程的結果，但你在哪裡呢？你從哪裡來，怎麼進去裡面，裡面爲什麼會是那個樣子？自然科學可以解釋外在，但內在呢？這正是我們將在接下來的章節中探索的內容。

科學對現實的發現，應該讓你更加尊敬宇宙的創造，對於我們能夠解釋已發生的這些驚人事件，也應該心存敬畏。看看這一切在一百三十八億年後呈現的結果。要敢於以這種眼光看待眼前的事物。既然你知道這一切的來源，就要多加注意。在你面前的是非常神聖的事物，所有的一切都是。

現在細想一下這個創造過程是否與你有關。你在附近導致這一切發生嗎？你會在接下來的十億年裡一直在附近，導致所有地方將要發生的事嗎？當然不會。宇宙是驚人的因果系統，過去導致現在，現在導致將來。從一開始，整個宇宙就是如此運作。在你眼前的每一刻都花費了數十億年的時間，讓過去發生的一切顯化為現在的樣子。

要完全理解這意味著什麼，從你的家族史中舉一個簡單例子會有所幫助。如果你的曾曾曾祖母沒有遇到你的曾曾曾祖父，那你就不會出生。這就是事實。讓我們花點時間講述他們相遇的故事，這樣你就可以看到一切都環環相扣。故事從恐龍開始。在今日的佛羅里達州中南部，一場猛烈風暴過後，一隻大恐龍蹣跚而行。當這隻恐龍在潮溼的土壤中留下牠的大腳印時，泥土中就有了巨大的印記。久而久之，雨水在這深深的印記中積聚，周圍的大地也開始受到侵蝕。最終，水域變得如此之大，變成現在所稱的歐基求碧湖。

數百萬年後，由於有淡水、魚類和其他動物，邁阿密族人在該湖邊定居。幾個世紀過去，西班牙移民在湖邊建立小鎮。你的曾曾曾祖母是邁阿密族人的後裔，而你的曾曾曾祖父拜訪了那個西班牙移民小鎮。有一天，湖邊下著傾盆大雨，你的曾曾曾祖父在當地的酒館裡喝酒。醉醺醺的他走出酒吧時，並未注意到你全身溼透的曾曾曾祖母路過。就在喝醉的他跌下樓時，你的曾曾曾祖母在泥濘中滑倒，直接倒在他身上。

他們看著對方，開始大笑，一見鍾情。剩下的就成為歷史。

換句話說，如果恐龍在數百萬年前沒有走過那裡，如果邁阿密族人沒有在那裡定居，如果西班牙人沒有在那裡建立小鎮，如果那天沒有下雨，如果曾曾曾祖父沒有在曾曾曾祖母滑倒在泥地裡的那個地方喝醉酒跌下樓，那麼你就不會出生，許多事也不會發生。所有的一切都是在時間和空間中發生的每件事的結果。你不是行動者，你是現實的體驗者。

如果這是真的——確實如此——那麼認為「這一刻花了一百三十八億年才變成現在這樣，每件事都必須完全按照它會發生的那樣發生——但我不喜歡」這樣的思想非常愚蠢，就像說你不喜歡土星有環一樣可笑。

現在你明白，我們為什麼要花時間探索你眼前的事物從哪裡來了嗎？這些事物與你無關，是數以萬億計的因素交互作用的結果，導致它們成為現在的樣子。這是我們第一次遭遇臣服（全盤交出）和接受的真正含義。你不是交出外在世界，而是完全接受。你交出的是你個人對它做出的判斷。如果有人問你可不可以接受土星有環，你可能會很困惑地說：「這和我有什麼關係？真是個瘋狂的問題。」其實每件事都是這樣：與你無關，與導致它成爲現在這樣的力量有關，而這些力量可以追溯到數十億年前。完全接受這個事實，就是臣服。你必須放下你認爲有權喜歡和不喜歡數十億年相互作用結果的想法。你一直沒有接受事實而活，而臣服就是放下這個部分。這才是眞正的臣服。

最終，你會意識到眼前這一刻是非常神聖的。我們對這個時刻從何而來的科學探索，實際上是非常具有靈性的過程。量子物理學家正在探索整個宇宙是如何從一個無所不在、未分化的能量場——量子場——中產生出來的，他們向我們展現，一切如何由光構成。這曾經完全是靈性的概念。科學家就是牧師，他們正在教我們創造的潛在力量如何創造出一切造物。科學告訴我們，我們面前的每一刻都值得高度尊重。追求靈性的人理解這些眞理，將其根植於自身存在中，並相應地過生活。

如果眼前這一刻花了一百三十八億年的時間才呈現在你面前，而你花了一百三十八億年的時間走到了眼前這一刻，那麼每一刻都是天作之合。沒有其他人站在那裡體驗你正在體驗的事物。事實是，從來沒有人這樣做過，將來也不會有。那個時刻將永遠不會再出現在這裡，所有的瞬間就是不斷地在時空中穿梭。你看到的是花費數十億年才創造出來的獨特表演——就在你眼前上演，而你卻在抱怨。大家都認爲自己有充分的理由抱怨，而我們一起踏上的這段旅程的目的，是消除這些理由，無論是什麼。

眼前的這一刻是宇宙給予的禮物，有形狀、顏色和聲音，有很多人和很多需要做的事。在火星上不是這樣，在我們迄今爲止於宇宙研究中探索到的任何地方，也不是這樣。但我們並沒有持續抱持著敬畏和感激來生活。這就是爲什麼這些關於宇宙學和量子物理學的討論是靈性的。這些討論不讓你有權利在一切都非關個人時，將其變得個人化。你的意識可能覺知到眼前的時刻，但你並未創造那個時刻，只是獲得這個絕佳的機會，來體驗宇宙中的某一刻。它經過數十億年才到達這裡，請確保你不會錯過。

人們把科學對神的討論看得過分重要，就好像兩者之間存在矛盾一樣，但眞正的問題是，人們並不眞正相信這兩者。如果你相信科學解釋了所有事物的創造，你會在生活中不斷意識到，與你互動的一切都是從量子場產生出來的，它們將自身聚集成原子和分子，然後以一種形狀出現在你面前。對此，你的感受可能不是喜歡或不喜歡，而是敬畏。同樣地，如果你眞的相信神創造天地萬物，就會對神創論的奇蹟感到敬畏和感激。你不是喜歡或不喜歡，而是為這樣的奇蹟竟然存在而感到無比驚奇。

在你生活的世界中，種子會落在地上，種子內有個化學家，知道如何分解泥土和水的分子，與陽光混合，然後將這些物質組合成玉米桿或樹。你學到這個「有智慧的化學家」是複雜的DNA分子。這種驚人的分子結構從何而來？它的所有元素都是在恆星中鍛造出來的，然後在四種基本力（重力、電磁力、強核力和弱核力）的作用下，自然地聚集到DNA結構中。人類智能與DNA的創造無關，但DNA負責地球上所有植物和動物的生命。我們生活的世界如此完美，應該會不斷讓我們大感震撼，但是我們太過耽溺於把這一切都變成與個人有關，以至於既錯過了科學的偉大，也錯過了神的偉大。

藉由詢問你在裡面的感受如何，開始了這次探索。你知道你在裡面——你擁有的體驗，本質是什麼？為了回答這個問題，我們探索了你生活的外在世界的起源和本質，希望你現在對它更加尊重和感激。在你眼前的這一刻很特別，你可能想練習體會它，並留意它對你的生命有何影響。

接下來我們要處理頭腦及其想法，然後是心及其情緒。它們並非透過你的感官進入，但肯定是你體驗到的事物。每梳理一層，放手會變得越來越容易——你會眞正接受和臣服。記住，你不是在放棄生命，而是在放下對生命的抵抗。我們可以使用**正念**這個詞，來表示你總是意識到周圍和內在眞正發生的事。你不僅意識到事物的表象，還意識到其眞實本質：這一切來自哪裡、爲什麼會是這樣，以及需要什麼才能在你面前展現。一旦你不再因爲覺得事情關乎個人而分心，正念就會成爲自然、輕鬆的過程。你不會認爲眼前的一刻必須以某種方式呈現，反而開始認爲它的本來面目就非常令人讚嘆。事實上，就連它的存在都令人驚奇。

從現在開始，對於你看到的任何地方、你與之互動的一切，請務必說：「謝謝。」並且一定要向星星致敬。那些不單純是夜空中閃爍的浪漫星體，而是宇宙的熔爐，爲你創造了一切。你可以感謝星星嗎？你可以領會這個事實，並了解你並未做出任何配得上樹木、海洋和天空的貢獻之事嗎？你甚至不知道**你**從哪裡來。你只是在裡面體驗展開在你眼前的所有驚人禮物。**這就是靈性——與現實、而非你的個人自我和諧一致**。

第三部　心智

11 外在世界如何於心智中再現？

身爲有意識的存有，你透過感官覺知這個世界。但你的意識並不局限於外在世界，也會有內在的體驗。有時，接收到外在世界會讓你感覺良好，但有時也會讓你感覺很糟。既然外在世界其實只是原子的結構，爲什麼會對你產生內在的影響？一堆原子怎麼能讓你的內在如此混亂？發生了什麼事？

你能夠體驗三種不同的事物：外在世界、心智和情緒。現在我們已經深入研究了外在世界的本質，讓我們開始旅程，進入內在了解意識的第二個客體：心智，也就是頭腦。什麼是心智？我們都知道心智是什麼。我們在這裡面，生活中的每一天都在感受心智。以最簡單的意義來看，心智是想法存在的地方。我們的想法持續不斷：「他開車怎麼這麼慢？我快遲到了。現在該怎麼辦？」毫無疑問，這些都是想法，但存在什麼地方呢？他們當然不存在於外在世界。科學家再怎麼盡力也無法讀懂你的所思所想，但是你可以。即使花費數十億美元，也無法製造出讀懂你的想法的機器。然而你做得到，毫不費力。這是你擁有的非常驚人的力量。

花點時間消化這個事實：你的意識有能力覺知機器無法檢測到的想法與情緒。這些意識客體肯定存在，但不在我們定義的「物理」世界中。科學家讓我們知道，整個宇宙歸根結底都是能量，想法與情緒只是以極高的頻率振動的能量，機器檢測不到。總有一天或許能夠做到。機器之前也無法探測到伽瑪射線、X射線，甚至紅外線，直到我們製造出能夠接收這些細微振動的機器。科學家當時並沒有將這些振動頻率較高的對象歸類爲與我們的世界不同的東西，而是擴展了電磁頻譜的定義，以將其包括在內。因此，我們不會說更高的振動並不存在，只是還檢測不到。

同樣地，你的想法在裡面，並且一直在裡面。如果一位科學家告訴你，「不，你的想法不存在。因爲我檢測不到，所以不存在。」你會大笑著走開。你知道你的想法在裡面。你這個我們一直在討論的有覺知的意識，有能力注意或不注意在這種更高的能量振動中產生的想法。多年來，人們將這種更高範圍的振動稱爲心理層面。

關於心智的話題會出現很多問題。例如，什麼是想法，它們從何而來？由於科學家無法直接了解你在想什麼，因此只有你可以回答這些問題。你在裡面，有能力審視你的心智。你甚至使用「我的頭腦」和「我的念頭」這樣的詞。你說：「前幾天我冒出一個可怕的念頭。最近我的念頭眞的很困擾我。」你怎麼知道你冒出可怕的念頭？你怎麼知道你的想法困擾著你？你在裡面，所以你知道在裡面體驗想法是什麼感覺。你可以把心智想像成非常高振動的能量場，可以在其中產生想法。心智不是想法。心智是想法能夠存在的能量場。正如雲不是天空，而是存在於天空中，由天空的實質所形成，同樣，想法也不是心智，而是存在於心智中，由心智的實質形成的。

佛教徒講**空寂之心**。從最純粹的意義上說，這就是我們使用「心智」一詞時所指的意思。這是一個能量場，裡面什麼都沒有，也沒有任何想法，只有絕對靜止的、無定形的能量場，我們稱之爲「心智」。這不是概念，是你可以達成的狀態。深入的禪修者會明白這一點。你只是在空、空寂之心上暫歇。你在裡面，但沒有任何念頭。那裡完全安靜，完全虛空，就像一臺功能強大但沒有安裝軟體的電腦。電腦有很大的潛力，但它什麼也沒做。這就是空寂之心。它並不愚蠢，事實上還潛力無窮。它只是靜止，不創造想法。基本上，這就是佛教徒所說的空寂之心，也是我們理解心智的起點。

外在世界獨立於心智領域而存在。無論心智是靜止還是嘈雜，行星繼續根據軸心旋轉，所有的星系繼續飄浮在太空中。構成物質層面的能量，比構成心理層面的能量具有更大的振動率。根據你的個人經驗，你知道意識能夠同時覺知到物質層面和心理層面。

現在我們已經探查了空寂之心的概念，可以開始討論在心智領域形成客體的過程。爲了讓你這個在裡面的意識覺知到物質層面，你獲得了身體來容納五種感官，包括視覺、聽覺、嗅覺、味覺和觸覺。完美進化的身體是星星給你的禮物。因爲擁有感官，來自外在世界的振動得以進入。它們透過感覺受器，沿著神經系統，進入大腦，然後在你體驗它們的心智中顯現出來。這種對外界的演繹是心智最基本的功能之一。這很像在佛羅里達州觀看一場在加州進行的球賽：實際的光和聲音振動由比賽中安裝的攝影機接收，然後將其數位化，並傳輸到家中的接收器，接著將接收到的訊號透過家裡的電視表現出來。看起來像是你在看比賽，但你不是，你看的是攝影機接收到的傳輸訊號被解譯出來的結果。

令人驚訝的是，你「看到」周遭世界時發生的事，與上述看球賽的例子十分相似。你的感官從外界接收到不同的振動，就像攝影機的感測器一樣。然而，感官可以接收五種不同的振動率，而不僅限於視覺和聲音。感官將不同的振動轉化爲神經衝動，並傳送到大腦。然後訊號會在心智的態量場中被解譯，盡可能接近地複製原始源頭。藉由覺知到在腦海中呈現的心理圖像，你會覺知到發生在眼前的事。就像你透過覺知到佛羅里達州電視螢幕上呈現的內容，來了解加州的球賽一樣。

你不在外面那個世界。你在裡面，原本就在裡面。雖然世上的事到處都在發生，但你只體驗到被你的感官接收並呈現在心智中的部分。心智不再是空的，而是將其能量形成你感官範圍內的圖像。正如我們所討論的，你並沒有向外看著世界。外在世界正在你的心智中再現，你正在看著那個心理圖像。這和做夢眞的沒有什麼不同。在夢境中，意象在心智中被創造出來，而你注視著它們。清醒時的狀態也是一樣，只是心理圖像是由感官產生，而非心智本身。這些在心智中形成的心理圖像就像在電視上形成的影像，螢幕原本是空白的，但現在已經呈現出加州的球賽。你的心智原本是空的，但現在已經呈現出周遭的外在世界。

你的心智很優秀。你的電視裡有個數位訊號處理器，可以接收數位訊號，對其進行解碼，然後呈現在螢幕上，以及透過揚聲器播放出聲音。你的心智接受編了碼的神經衝動，再現你面前的整個場景，包括深度知覺，並且添加觸覺、嗅覺和味覺，演繹了由心智的更高能量振動構成的所有細節。這種對外在世界的精確演繹是心智的主要功能，可以讓你在裡面體驗外在世界。心智眞是神奇的禮物，本身無形無相，卻可以比最強大的電腦還要出色。心智其實就是第一臺個人電腦——事實上，它是如此個人，以至於不需要任何外在的形相。它的顯示器在裡面，運算和圖形處理能力在裡面，你不需要鍵盤、滑鼠或語音辨識來與之溝通。它離你這麼近，能夠回應你的意志和內心最微小的衝動。

我們現在已經從空寂之心轉變爲演繹外在世界的心智，以便你經歷周遭環境，而經歷是生命的甘露。你在裡面，因爲心智的演繹能力，你能夠經歷這一切。如果你未曾體驗、經歷過生命，生命還有什麼意義？

我們花了很多時間討論如何創造出外在世界——數十億年的恆星活動導致了出現在你周遭的事物。你已知道它們是如何被創造出來的，現在則了解不屬於形相世界的意識如何體驗周遭的一切——透過心智的奇蹟。

事實上，意識是最深奧的奇蹟，是在覺知當下知道自己知道了的那個本質。其他一切都是你意識到的，眞正的魔法是意識本身。當意識只是單純體驗反映在心智中的現實時，這就是我們所說的**活在當下**。在我們討論的這一點上，沒有其他可能。眞實的世界在外面，反映在你的心智中，而你覺知到眼前的意象。在這種非常簡單的狀態下，你正在體驗應該體驗的事物：「此刻」這一份被送給你的禮物。這一刻進來，你單純因爲經歷過它而從中學習。沒有分心，只是與眼前的時刻合而爲一。

每個人都有過這樣難得的時刻。也許是美麗的夕陽把你帶到了這種專注的意識狀態。你開車轉了個彎，突然間，夕陽西下，呈現出美麗的紫色、橙色和洋紅色。這是你所見過最美麗的事物，內心激動不已。此時你的腦海中，除了日落的畫面之外，什麼都沒有——沒有房貸，沒有和伴侶的感情問題，沒有過去的煩惱。你唯一體驗到的就是這美麗的夕陽從你的眼睛進入，在心智中演繹，然後與你的整個存有融合。你的所有意識都集中在正在經驗的事物上，而不是分散在各處。這確實是一種靈性體驗。

這就是《瑜伽經》所描述的體驗者與體驗合而爲一。你已允許主體和客體結合，沒有什麼可以分散你的意識，讓你從眼前發生的事情上分心。這就是專注於一點的瑜伽狀態，稱爲**心靈集中**（dharana）。

你肯定有過其他接近這種專注狀態的經歷。有時在與所愛的人親密共處的時刻，當一切都恰恰好時，你會在這一刻迷失自我。突然間，全然的美與平靜向你襲來。當意識與意識的客體融合時，就能感覺到神的存在。在瑜伽哲學中，自性被稱爲永恆的、有意識的**至喜**（sat-chit-ananda）。當自性專注於單一對象時，會體驗到自性的本質——完全的平靜、滿足和排山倒海的喜悅。如果我們能夠學著進入專注於一點的無分心狀態，那麼隨時都可以體驗到自性的本質。

12 個人心智的誕生

爲什麼我們並未一直生活在專注於一點的意識這樣的狂喜狀態中？什麼地方出了錯？是什麼導致我們從這個美妙無比的花園墜落？

答案很簡單：這個世界進入，而它很美。當這個世界一路進入你之內時，體驗它這個行爲非常觸動人。然而，這並不代表所有的感受都相同。熱的感覺不同於冷，它們就是不同。這也不代表一個比另一個更好，只是感覺不同。有人輕輕地撫摸你，感覺起來與打你時截然不同。不同的事物以不同的方式體驗。佛教徒認爲萬物有其本質。一條盤繞的響尾蛇進入腦海，與一隻蝴蝶落在手臂上，是完全不同的體驗。那條響尾蛇正散發出本質——發出它特殊的振動。這種振動有其獨特且令人敬畏的樣貌，創造出的內在體驗肯定不會與蝴蝶相同。這沒有什麼問題，也非常眞實。有各種各樣的體驗有什麼問題？如果每時每刻都有一隻蝴蝶飛來並停留在你身上，這件事會變得再正常、再普通不過。神知道如何創造永遠令人興奮的世界。

事實上，意識因爲流入的知識而擴展。你正在透過經歷的一切學習和成長。透過生活學習是眞正的靈性成長，是靈魂的進化。就像你學到的一切都會讓你變得更聰明一樣，你擁有的每次經歷都會讓你變得更明智。響尾蛇的存在進入你的心智，的確不是舒適的內在體驗。感覺不像蝴蝶帶給你的感受，但同樣豐富，也同樣重要。如果願意在這個層次敞開心房，那麼你還是在風光明媚的花園中。沒有問題，只有學習經驗。無論發生什麼事，你都變得更偉大。

不幸的是，這不是我們生活的方式。某個地方出了錯。讓我們以慢動作來看爲何人會從花園墜落。首先，某樣東西進來——讓我們從響尾蛇開始。這個體驗並不特別舒適。事實上，發出嘶嘶聲的響尾蛇本來就是不舒服的體驗，甚至可能讓我們在求生本能的層面上產生不適，那是對外在體驗的強烈內在反應。

但這種不舒服的內在反應本身並非壞事，只是一種不同的振動。就像有些顏色會讓人得到舒緩，有些卻令人不快。顏色沒有好壞之分，只是電磁頻譜的不同振動頻率。

你可以學習如何適應不同的振動。響尾蛇不會待在那裡煩擾你一輩子，牠會來，也會走，而令人不舒服的振動會跟著牠走，然後又會發生其他狀況。你的生活周遭充滿著讓人成長的經歷，你只是在自己之內，體驗著創造物進入並通過你。

然而，你沒有練習好好接受。你在裡面體驗著頭腦中正在呈現的事物，而你有能力抗拒讓你不舒服的事物。你擁有自由意志。如果想法與情緒感覺起來不對勁，你的自由意志就像內在的手一樣，可以將之推開。你當然這麼做了。這種抗拒是一種意志行爲。意志是與生俱來的力量，實際上是來自意識的力量。正如太陽停留在太空中，但散發出擁有強大力量的光線一樣，意識也是在它的源頭，但其覺知會散發到關注的任何事物上。當意識專注於某件事時，就會產生巨大的力量，就像太陽光透過放大鏡聚焦時會產生巨大的力量一樣。你可以感受到專注於一點的力量。它確實是集中的意識，也就是意志力的來源。

在理解心智如何從清明發展到混亂這件事情上，意志力扮演著非常重要的角色。你肯定已經注意到，你並未將覺知平均地放在心智中呈現的所有客體上。比起其他客體，你更關注某些客體。如果客體的振動令你更舒服或更不舒服，你不是「喜歡」，就是「不喜歡」。喜歡和不喜歡是個人心智建立的基石，這是非常原始的層次。基本上，這取決於在裡面的你是否有能力在不對其做任何反應的情況下體驗進來的事物，就只是加以充分體驗。這是允許客體就這樣通過的能力。

如果內在體驗對你來說並不中性，會吸引意識加以關注。發生的那一刻，通過心智的事物不再保持平衡，會有某樣事物脫穎而出，讓你把意識集中其上。你的意識是一種力量，而你將這種力量集中在某個特定的心理對象上。當意識的力量集中在這個心理對象上時，那個對象就不能像其他對象一樣通過心智。正如太陽風干擾通過太空的物體一樣，集中的意識也是一種力量，影響通過心智的物體。

將意識集中在特定的心理狀態上時，就阻礙了該狀態通過心智的能力。你知道的，聚焦於它的行爲，會讓它留在心智中。想在心智中算數學時，會專注於數字，以便它們停留夠長的時間讓你運算。事實上，任何時候你想在心智中保留些什麼，都必須將意識集中其上，使其不致消失。意識的集中將這些狀態凍結在心智中，使它們不會就這樣通過。因此，看到響尾蛇時，牠在你心智中也可能成爲獨立的物品。事實上，除了蛇之外，你的心智中還有樹木、草、天空和其他事物，但是你只把意識集中在響尾蛇身上，讓其餘的通過。有趣的是，因爲你把太多的意識集中在上頭，於是將蛇這個經歷凍結在心智中。你不可能讓不舒服的經歷**長驅直入**，於是產生了抗拒。

你知道「讓它長驅直入」是什麼意思嗎？我們之前討論過美麗的日落和完美的浪漫體驗。你想充分體驗這些美好的時刻，所以敞開心扉，讓它們長驅直入，傳遞到你的存有中。這些是生命中的特殊時刻，某樣事物觸動了你的核心。這條響尾蛇不可能長驅直入，你不必思考這種狀況。抗拒只是對不舒服的事情的自然反應。你試著保持距離。

你是否曾經於內在和某件事保持距離？也許是過去有人說過傷害你的話，也許是年輕時經歷的尷尬階段，甚至是可怕的離婚。你當然曾經這麼做過，但這並不意味著事件沒有發生，如果尚未發生，也就不會在你裡面了。你無法阻止事件發生，但不必讓它長驅直入。心智很大。在心智中，那個經歷第一次成像之處，和你眞正充分體驗到它的地方之間，還有很大的空間。你可以用意志讓這個心像與你保持距離，這是一種非常原始的抗拒行爲。

既然你已經抗拒體驗響尾蛇，並讓剩下的時刻通過，於是蝴蝶來了。它停在你身上，你自然會專注於如此美妙的經歷。當蝴蝶準備要飛走時，你因爲不想讓它消失，用意志去抓住那個心像。這就是佛教所說的執著。因爲蝴蝶飛走了，你不能抓住蝴蝶本身，所以你試著抓住想著蝴蝶的心理模式。你推開體驗到響尾蛇的感覺，而執著於對蝴蝶的體驗。這兩種心理模式都無法完成通過心智的自然旅程。你不僅不能充分體驗它們，也把這些心理模式困在心智中。響尾蛇和蝴蝶都不會留在你面前，只會作爲模式留在心智的能量場中。這就是喜歡和不喜歡的力量。

執著與抗拒都在你的心智中留下心理演繹。理解這一點非常重要。從經驗出發的心智就像一部清晰的電視螢幕，呈現發送給它的圖像。但是現在你緊抓著已經不再由外在世界生成的圖像，它們成爲心理模式困在心智中，結果，你與現實不一致了。在裡面的你曾經體驗現實的禮物，現在你也在體驗你在心智中緊抓不放的模式。你心智中的這些模式與其他人心智中的模式完全不同。每個人受困的心理模式都獨一無二，非常個人化，源自我們如何與過去的經歷互動。因爲我們都有不同的過往經歷，與這些經歷的互動方式也不同，所以留在心智中的印象完全不同。於是，**個人心智就此誕生。**

問題是：現實與個人無關。正如你已經看到的，我們並未創造這個世界，只是在體驗宇宙創造物在我們周圍展開的奇蹟。是的，世界上有響尾蛇和蝴蝶，還有很多其他事物，但是現在你的心智中有**響尾蛇**和**蝴蝶**，即使它們實際上並不在你眼前。既然你在心智中保留了這些殘餘的心理印象，現實就必須與它們爭奪你的注意力。你完全專注於外在世界的能力，將因爲這些內在印象讓你不斷分心而受到阻礙。

13

抗拒和執著都會讓你從花園墜落

可以這麼想，抗拒會讓人開始從花園中墜落。覺知到這個令人敬畏、不斷變化的宇宙，你都沒有問題，而它像送禮物一般不斷提供各種體驗讓你學習和成長。以音樂的禮物爲例。當你全神貫注於音樂時，心無雜念，只有音樂毫不費力地進入，滋養你生命深處。聽音樂時，你被提升到狂喜的狀態。心智清明時，所有事物都會這樣進入。你不是處於天堂般的狀態，體驗傾注於你的事物，就是深深地沉浸在內在的平靜中。你回到了花園，一切都美麗得毫不費力。

一旦在心智中緊抓著響尾蛇和蝴蝶，就無法保持那種純粹的意識狀態。這兩種心理模式已經變成引發強烈感受的客體，吸引你的注意力。當心智清明時，吸引意識的是外在世界通過時的演繹，非常有趣並令人愉快滿足，但是由於你對其沒有特別感受，所以它來了又走。相比之下，你扣留在心智中的那些引發強烈感受的客體不會來了又走。面前的世界來來去去，但這些心理客體留了下來，因爲你緊抓在心智中。此外，由於它們被分類爲比其他的更重要，因此意識會被這些心理客體分散注意力。

一切都不再平等，而這會造成重大的問題。之後當你走在路上，遇到一根繩子，你看到繩子的感受就不會再像你看到響尾蛇之前那樣，因爲繩子會讓你想起響尾蛇。「讓你想起」是什麼意思？這明明不是響尾蛇，只是一根繩子。儘管如此，當繩子進入時，意識當下有了選擇：全神貫注於進入的繩子，或者被困在心智中的負面響尾蛇圖像分散注意力。心智會立即將這兩個心理客體合而爲一，而你會害怕。繩子嚇到你？是的，繩子嚇壞了你。

困在心智中的蝴蝶圖像也有類似的狀況。蝴蝶飛走後，你仍然專注於心智中的圖像，依舊有著美好的感受，並試圖將其保留，即使它不再屬於此時此地的現實。然後新的事物從外在進入，就像有個人走過。心智可能正在完美地演繹這個新圖像，但意識並沒有完整看到。意識仍然被留在心智中的蝴蝶圖像分散了注意力。在過去，面前的這一刻就是你於內在體驗到的，現在你有了偏好：寧願體驗蝴蝶這個心理圖像，也不願體驗面前的現實。於是，意識專注的是全新的世界，也就是你在心智中建立的新世界。那個世界與宇宙的現實不符。那個內在世界是你自己的個人宇宙，由你不允許通過的心理客體所組成。這就是心智中那些圖像所代表的：過去發生的那些你故意留在心智中的事。正如我們將看到的，這些印象是最初的種子，最終會成長爲自我概念或個人自我的最初種子。

爲了更清楚地理解這一點，讓我們再次看一下平面電視的例子。第一台電漿電視問世時，出現了「殘影」。製造商警告說，如果你暫停畫面太久，實際上會將圖像的影子燒入電漿螢幕中，造成節目雖然繼續播放，但舊圖像仍然存在。你會喜歡這樣看電視嗎？你已經看完新聞，但是打開電影時，新聞主播的殘影仍然疊加在正在看的電影之上。這正是蝴蝶和響尾蛇的情況。因爲你心智的螢幕上出現了其他圖像，於是再也無法清楚地看到眼前發生的事。你把螢幕弄得一片混亂，這並非故意爲之，當你不覺得經歷讓人愉快時，將其擱置一旁，似乎也沒有什麼錯。當你抗拒它們時，你認爲它們去了哪裡？它們就此變成了持久的印象，儲存在你心智中。

可以用慢動作來看看這些殘餘圖像的影響。起初，創造的奇蹟發生了，創造出通過感官進入的形相，讓你得以體驗。顯然，某些時候你不喜歡某些振動，所以當它們在你裡面呈現時，你將其推開。那種蓄意的抗拒，反而讓它們留在心智中，因此變得與**個人**有關。我們之前說過，沒有什麼是眞正與個人有關的，但是你選擇用來自過去的凍結圖像，來充滿你心智的神聖空間。這些印象將留在你心智中，並將意識拉向它們。你現在對現實的看法有所局限，且帶有偏見，這會扭曲你餘生的所有經驗。這就是個人心智的力量。

到目前爲止，我們只專注於討論你抗拒的響尾蛇和執著的蝴蝶，光是這些就足以扭曲你對現實的體驗。現在對自己誠實點：你有多少這種引發你強烈感受的印象？你這一輩子都在這麼做。此外，這些儲存的印象建立在彼此身上。因爲你的內在已經儲存了響尾蛇的印象，你也很容易被嬰兒發出的嘎嘎聲嚇到；事實上，如果引發的不適程度變嚴重，你甚至可能會想躲開嬰兒。這是一種個人偏好，而所有個人偏好都由此而來。一旦你創造了偏好，它們就會支配你所有的生命經歷。

這些留在心智中的印象，在瑜伽哲學中被稱爲**業行**。古代《奧義書》文本中針對業行（印象）進行了討論。在心理學家佛洛伊德提出壓抑理論的數千年前，人們怎麼會知道這個呢？因爲他們是靜心者。他們不需要有人教他們這件事，在自己的心智中就已看見。如果安靜地集中在有意識的覺知中，就能看到眼前發生的事。你是你心智的終極體驗者，你只是沒有去注意罷了。

你沒有去注意，反而是變得如此緊張不安地想要蝴蝶，不想要響尾蛇，以至於失去了集中的覺知。當周遭世界進入，並激發或啓動你已儲存的模式，你就再也無法客觀地觀察現實。你的意識被拉向被激發的業行之中，一切都變得扭曲。這是**精神**的基礎，也就是你的個人自我。

什麼是精神？就是你在心智中所建立關於你的總稱：「我是不喜歡響尾蛇的人。我是喜歡蝴蝶的人。」你剛剛建立了一個自我概念，爲你獨有，而別人建立的精神可能關於暴風雨、咬人的狗和依偎的小貓。每個人都有不同的經歷，因此，大家都在自己之內建立不同的個人心智。沒有人故意這麼做，這是自然發生的被動過程，因爲你還沒有準備好心胸開放地體驗生活。最高境界是從生活經歷中自在地學習和成長，但如果你對某些經歷感到不自在，就會用意志來加以抗拒。這僅僅代表你在那個領域還不夠進化。有物質進化，也有靈性進化，它們都涉及對環境的適應能力。前者是你的身體，後者是那裡面的「你」，你的靈魂。

事件進入時，本該被你體驗。如果你難以體驗，學習接受的目的就在這裡。你有什麼權利去執著或抗拒現實？你並未創造現實，在創造現實的數十億年裡，你也不在這裡。我們回到：「你喜歡土星有環的事實嗎？」你的回答是：「這不關我的事。」對於需要數十億年以出現在你面前的每一點現實，這就是正確回應。

眞正的問題不是你喜不喜歡這些事物，而是你爲什麼不喜歡它們。原因其實很簡單：因爲你消化不了。很難讓一些經歷在不殘留干擾的情況下通過，但是你需要學習如何去做。你學習打網球，學習彈鋼琴，學習各種各樣的知識，甚至可能是微積分。你不知道如何開始做這些事，在你學會自在面對之前，肯定會感到不舒服。靈魂可以學習。在裡面的你，也就是意識，可以學習體驗現實。爲了做到這一點，你絕不能抗拒，否則你會立即將現實推開。這就是接受：不抗拒。接受讓你完全允許現實直接進入你存在的最高部分。最後，你交出的只是對現實的抗拒。你學會讓現實進入，即使湧入時讓你感到不適。

正向的經歷也是如此，比如蝴蝶。你喜歡的人走過來對你說：「你知道嗎，我眞的很喜歡你。你很吸引我，我喜歡和你在一起。」那是很美好的經歷，會讓你立即緊抓住對方所說的美好事物。對方又回頭去忙自己的事了，但你做不到。你無法專注於工作，因爲腦中留下的印象一直在分散你的注意力。這與**活在當下**正好相反，你在練習**心在彼時彼處**。你剛有了美好的經歷，卻毀了它。你因爲緊抓不放而毀了它，就像先前舉的蝴蝶例子。你因爲創造一種對生活經歷的偏好而毀了它。現在每當電話響起，只要來電者不是那個對你說好話的人，你就會失望。請覺察到你這樣做了。有人對你說了句好話，你卻不能好好處理，不能就讓它成爲美好的經歷；相反地，你在心智中緊抓著它不放，而它也確實讓你心煩意亂。

無論是用意志抗拒還是執著，這些殘留的印象都會留在心智中。你現在已經創造了一個完整的心智層，保留你的業行，也就是過去未完成的模式。你會發現，這些執著和抗拒的行爲決定了生活品質——這些印象會讓你的意識的注意力從當下這一刻的現實移開。更重要的是，如果不斷讓這些心智中的業行分散注意力，將永遠無法體驗到眞正的自己。

記憶和業行之間有很大的不同。就像電腦具有記憶儲存能力一樣，心智也有。將感官接收到的壓縮版本儲存在長期記憶中，是心智天生的功能，這些記憶可以輕鬆檢索。你知道一個人的名字，代表它儲存在長期記憶中；當你再次看到這個人時，他的名字通常會毫不費力地浮現在腦海中——雖然不可否認的是，有時我們必須刻意努力才能想起來。這些都是相當正常的記憶存取方式。

與正常記憶形成鮮明對比的是，如果無法應對心智中呈現的事件，你會運用意志，有意識或下意識地加以壓抑。你根本不希望心智中有此事件，無論是現在或長期，所以你試圖將它趕出腦海。這樣做時，就是在抗拒整個事件：透過感官進來的，你在情緒上感受到的，以及你對它的想法。這個受到抗拒的「全套」體驗無法以正常方式通過你，因爲你不允許。事件的全部能量都被鎖在心智中，它不會安靜地坐在那裡。而因爲它不斷地試圖釋放自己被堵塞的能量，不但會扭曲你對過去的記憶，也會擾亂你對現在的體驗。心智中被堵塞的能量就像電腦病毒，扭曲了意識和潛意識。後面的章節中，我們將深入探討這些堵住的能量模式，也就是業行，如何也阻礙了你的自然能量流動。

致力於靈性成長時，會努力放下儲存起來、源自過往的堵塞，並且不再儲存現在的任何事物。這並不代表心智的正常記憶儲存過程不會進行。你不會故意忘記生活的經歷，只是不抗拒或執著，因此沒有將它們儲存爲業行，仍是無害且客觀的記憶。

讓我們舉一個常見的例子。你有個前夫：「我不想見他，我不想再談論他，甚至不喜歡有人提到他的名字。即使我們離婚這麼多年，我還是會因此感到不舒服！」這不是在客觀地談論記憶，絕對可說是業行。你說你和前夫離婚了，但你其實沒有，他仍在你心中擾亂你。如果你認爲他會出現在某個派對，甚至會因此不想去。你一直把這些印象封鎖在心智中，最終創造了一個仍在與前任打交道的平行宇宙。正常的記憶不是這樣的，它很乖，就像電腦的記憶體一樣，不會自己冒出來，沒有需要釋放的堵塞能量。正常的記憶會在你需要的時候在那裡，而不會一輩子都纏著你。

幸運的是，生活中遭遇的大多數事件對你來說都是中性的。它們暢通無阻地通過，並在適當時可供召回。你經常沿著車道的白線開車，但它們不會在不合時宜的時候自己冒出來，每天遇到的汽車、樹木、建築物和無數其他物體也不會。它們進入，然後通過。但是有些事物，內心比較難處理，所以你抗拒或緊抓不放。如此一來，你就從現實的花園墜落了。留在你心智中的印象，成爲你建立個人精神的基石。

14 你看到的，能不能「只是樹」？

你的精神就像是以你的業行爲基礎、在心智中運作的電腦程式。精神在裡面與你談論以前發生的事、你希望現在發生的事，以及你希望明天發生或不發生的事。你實際上已經在心智中創造了非常複雜的替代現實。在這巨大的獸籠裡，囚困著你留存下來、不願放手的瞬間。在此刻，你甚至不需要另一條響尾蛇來讓你心神不寧，蛇的經歷會留在心智中，其他事就能讓你想起——實際上，你不需要外在提醒就會提醒自己。你在街上開車，做著自己的事，突然，你想起那條蛇有多可怕，於是又感到害怕。我們此時處理的不再是現實。我們在內在創造出如此多的混亂，難怪在生活中遇到這麼多麻煩。這就是個人心智的本質。

不管內在變得多麼混亂，事實仍是：個人心智不是你，就像電視螢幕不是你一樣。但客觀地觀看你的心智，比客觀地觀看電視螢幕要困難得多，原因來自你儲存在心智中的印象所發揮的力量。這些過去的印象與從外在進入的現實影像互相競爭，很難分辨哪個是哪個。當內在變得混亂時，你很難保持客觀。不能對業行掉以輕心，那會嚴重扭曲你的生活經歷。

讓我們以羅夏克墨漬測驗爲例。心理學家舉起一幅墨漬圖，問你看到了什麼。你立即回應說你看到有人在做愛，也或許是媽媽和爸爸在打架；換句話說，羅夏克墨漬測驗會刺激你儲存在心智中的模式，讓你看到實際上不存在的東西。事實是，整個世界就是龐大的羅夏克墨漬測驗。這個世界是在你面前展開的原子流，雖不比墨漬圖更關乎個人，但它擊中你的業行，因此激發了儲存下來的心理和情緒反應。現在，你不是在體驗外在經過的事物，而是在體驗儲存於內在的喜歡、不喜歡、信念和判斷。這些印象如此強烈，以至於你認爲它們眞實存在，就像那些墨漬圖一樣。個人心智已經占據你整個生活，不再能夠自由享受實際發生的經歷，而是被迫處理心智告訴你正在發生的事情。

讓我們更深入地了解業行如何影響生活。我們已經討論過，從外面進來的事物會刺激來自過去的心理堵塞。你第一次抗拒過去的經歷，是因爲它們讓你不舒服；當它們再次出現時，也會讓你感到不舒服。更糟糕的是，就像羅夏克墨漬測驗一樣，你沒有看到眞正在外面的事物，只看到投射到外在的內在問題。這就是爲什麼生活看起來如此嚇人，似乎總是在打擊你的弱點。**事實是，生活並未打擊你的弱點，是你將弱點投射到生活中**。然而，並非所有儲存在裡面的事物都是負面的，你也保留了過去一些正向的事。問題是，好事不再發生，而這令人感到失望。如果你回到看見蝴蝶的同一地點，但蝴蝶不在那裡，就會變成負面經驗。

要了解，這只會讓生活變成雙輸局面。如果有什麼讓你想起以前困擾你的事，你就輸了；如果你不能重新體驗以前喜歡的事物，你也算輸了。這與禪宗所說的**初心**完全相反。如果你對某種情況沒有特別的期望，然後發生了某件特別的事，深深地觸動你——可能是美麗的日落、出乎意料的初吻，或者某個令人愉快的驚喜。如果那件事深深觸動了你，因爲你心智中沒有與這件事有關的業行，那你就是保有初心。否則，你會根據先前的經驗期待些什麼，因此擾亂了事件的自然發生。

最終的結果是，這些業行毀了你的生活。這是你自己造成的，除非發生完全不同的事，將你從這個偏好系統中拉出來，否則你無法充分感受任何事。這就是爲什麼有些人必須走極端以獲得快感，也是爲什麼有些人試圖讓一切都保持原樣，這樣生活就不會擾亂他們的業行。無論是哪一種情況，試圖讓心智處在像樣的狀態，反而會迫使人們尋求逃避工具，比如酗酒和吸毒，只因你會想方設法安撫自己的心智。

最終，你會意識到，問題不來自工作、配偶或變舊的車，而是聽從心智中的混亂讓你感到厭煩。所有這些過去的模式都被封鎖在心智中，在裡面的你既無法體驗到生命的奇蹟在面前展開，也無法體驗到內在的自然之美。你的覺知完全被這些儲存的心智模式分散了注意力，必須日日夜夜爲它們服務。你無法再體驗現實，而是被困在體驗自己之中。

禪宗裡有一個概念叫做「只是樹」，完全符合我們的討論。故事是這樣的：寺院裡有一個年輕的和尚，他每天都會去跟禪師會面。師父問他一些問題，之後和尚就離開。有一次，年輕的和尚走進來，師父看著他說：「你發生了什麼事？你看起來生氣勃勃，充滿了光。」

和尚感到吃驚：「你是什麼意思？」

「我看到你有所不同，我的孩子。發生了什麼事？」

和尚告訴他：「我穿過院子，看到了那棵大橡樹，然後停下來看著它。我以前見過很多次，但這次我看到的**只是樹**。我就是看著樹。不知何故，它把我帶到很深的地方，讓我有所頓悟，一切豁然開朗。這讓我超越了自己。」

「可那棵樹已經存在一百年了，」大師回應，「自從你來到這裡，每天都會經過那棵樹。」

「是的，」弟子說，「但是我以前從樹旁走過時，經常想起佛陀成道時坐在底下的那棵樹；有時候，這棵樹又讓我想起小時候從上面摔下來的那棵樹。這棵樹總是激發我過去的思維模式，但這次我看到的**只是樹**。」

師父笑了。

「只是樹」正是我們一開始討論心智時談到的東西。樹進入，呈現在心智中，你看到的就只有這樣；對比的狀況是，樹進入，呈現在心智中，並激發你過去與樹有關的所有業行。你的業行心智受到激發，意識分散在樹的初始影象和發生在內在的二次爆炸之間。二次爆炸是因爲儲存在心智中的模式而產生的反應。你再也無法擁有純粹的體驗，而年輕的和尚做到了——他看到的「只是樹」。如果你以前不明白這一點，希望現在能明白。禪師會對你很滿意，因爲「只是樹」在禪宗裡是非常深刻的概念。

心智本身並沒有錯，就像電腦本身沒有問題一樣。導致問題的是你如何使用這些強大的禮物。心智發揮的傑出能力幾乎沒有極限。人們認爲愛因斯坦很聰明，卻不了解自己的才華。我們每個人都有人類的頭腦（心智）。我們沒有負鼠的頭腦、松鼠的頭腦，甚至猿的頭腦。我們有人的頭腦，而人的頭腦很出色。

15 出色的人類頭腦

人類的頭腦有什麼特別之處？讓我們一探究竟。億萬年以來，當地球在太空中旋轉，演化的過程也同時發生。恆星產生了礦物質、植物，然後動物，全都由原子形成。現代人類出現之前，地球已經在太空中飄浮了四十五億年。值得注意的是，在人類出現之前，在地球上生活的其他物種非常相似，生活的目的只有食物、庇護所和生存。對他們來說，事物沒有多大改變。猿猴在樹上住了數千萬年，就和現在一樣；魚兒在水中游了數億年，就和現在一樣。地球上的萬物都沒有什麼改變，直到人類帶著人類的頭腦出現。人類發現了電力，讓夜晚一片光明，建造了前所未見的巨大摩天大樓和機械；人類甚至往地心挖掘，開採礦物，並且研發出矽晶片這樣的先進材料，然後還建造了太空船，搭乘它飛向月球。

和其他動物比較一下。牠們的生活和一千年前、十萬年前、一百萬年前完全一樣，但人類不是。過去明明還住在山洞裡，現在卻計畫住在火星上。人類是怎麼做到的？難道神藏起一艘太空船，而人類在某個地方找到了它？不，是你的頭腦做到的。你的頭腦發現一切都是由原子構成，然後知道原子如何分裂。事實上，人類的頭腦已經很清楚宇宙如何形成，一直了解到量子層次。你的頭腦豎起了哈伯太空望遠鏡，可以看到宇宙創造之初。哈伯望遠鏡可以看見已經在太空中傳遞超過一百三十億年的光，這使我們能夠看到一百三十億年前發生的事情。你想得到這樣的情況嗎？事實是可以的，因爲你擁有人類的頭腦。

人類的頭腦十分了不起。我們已經很清楚這一點，也認眞以待。你在裡面，內在的深處，而你有著出色的頭腦。不過，普通人的頭腦在做什麼？愛因斯坦用頭腦思考和光的行爲、重力和外太空物理（儘管從來沒有人去過那裡！）有關的「思想實驗」，與此同時，你則是讓頭腦忙於人際關係、人們對你的看法，以及如何獲得想要的，並避免不想要的。你可能沒有愛因斯坦的頭腦，但與地球上任何其他生物相比，你的頭腦很出色。問題不在於你的頭腦是否出色，而是你用這麼出色的頭腦做些什麼。

到目前爲止，我們看到的是，在沒有你干涉的情況下，頭腦本身正在做它應該做的事，爲你呈現外在世界供你體驗的禮物。但是你沒辦法好好接受那份禮物。感覺有點不舒服時，你開始抗拒；感覺有點太好時，你又開始執著。這種情況導致你發展出內在的心理模式。現在，處理當前的外在經驗會受到過去業行的反應所扭曲。

你可以將其視爲心智的層次。第一層是呈現當前外在體驗的地方，可以稱之爲**此時此地層**。下一層是過去你在外在體驗結束時並未釋放而儲存下來的模式，可以稱之爲**業行層**。但還有另一層，是你用自己出色的心智打造出來的，試圖解決業行造成的不適。這是**個人思想層**，也是你最認同的一層——你認爲這就是你。這三層的結合就是所謂的**個人心智**。你的個人心智對你來說完全獨一無二。

當我們利用頭腦的巨大智力來概念化一個不會打擾我們，實際上會讓我們感覺良好的外在世界時，就創造了個人心智層。這似乎完全合乎邏輯。問題是，我們認爲會讓自己感覺好或壞的事物，只是來自過去的堵塞心理模式造成的結果。如果所有人事物都必須這樣或那樣才能讓我們感覺很好，而我們以此爲依據，利用頭腦的聰明來發展思維模式，生活就會受限於爲業行服務。而我們的個人思想並不止於此。如果只想著分析需要事情是什麼樣子，而不思考如何讓它們成爲那個樣子，又有什麼益處？首先，我們要想出如何讓自己感覺良好的戰略，然後再琢磨出如何做到這一點的戰術。戰略和戰術，都是軍事訓練，所以本質上，我們是在與世界交戰。

個人心智承擔了如何讓世界以你想要的方式在面前展開的任務。這應該會敲響警鐘，因爲我們已經非常詳細地討論了你眼前的世界來自哪裡，以及世界與你腦海中發生的事情無關。在你眼前的這一刻是所有自然力量的結果，使其成爲現在的樣子；你心智中的偏好系統則是你無法處理的過去經驗的結果。這是兩套完全不同的力量，彼此無關。舉例來說，現在有一些與個人無關的力量導致下雨，然後有過去和個人有關的力量導致你不喜歡下雨——你剛剛與宇宙爲敵，而你將失敗。然而，個人心智認爲自己是對的。你眞的認爲宇宙應該是你想要的樣子。

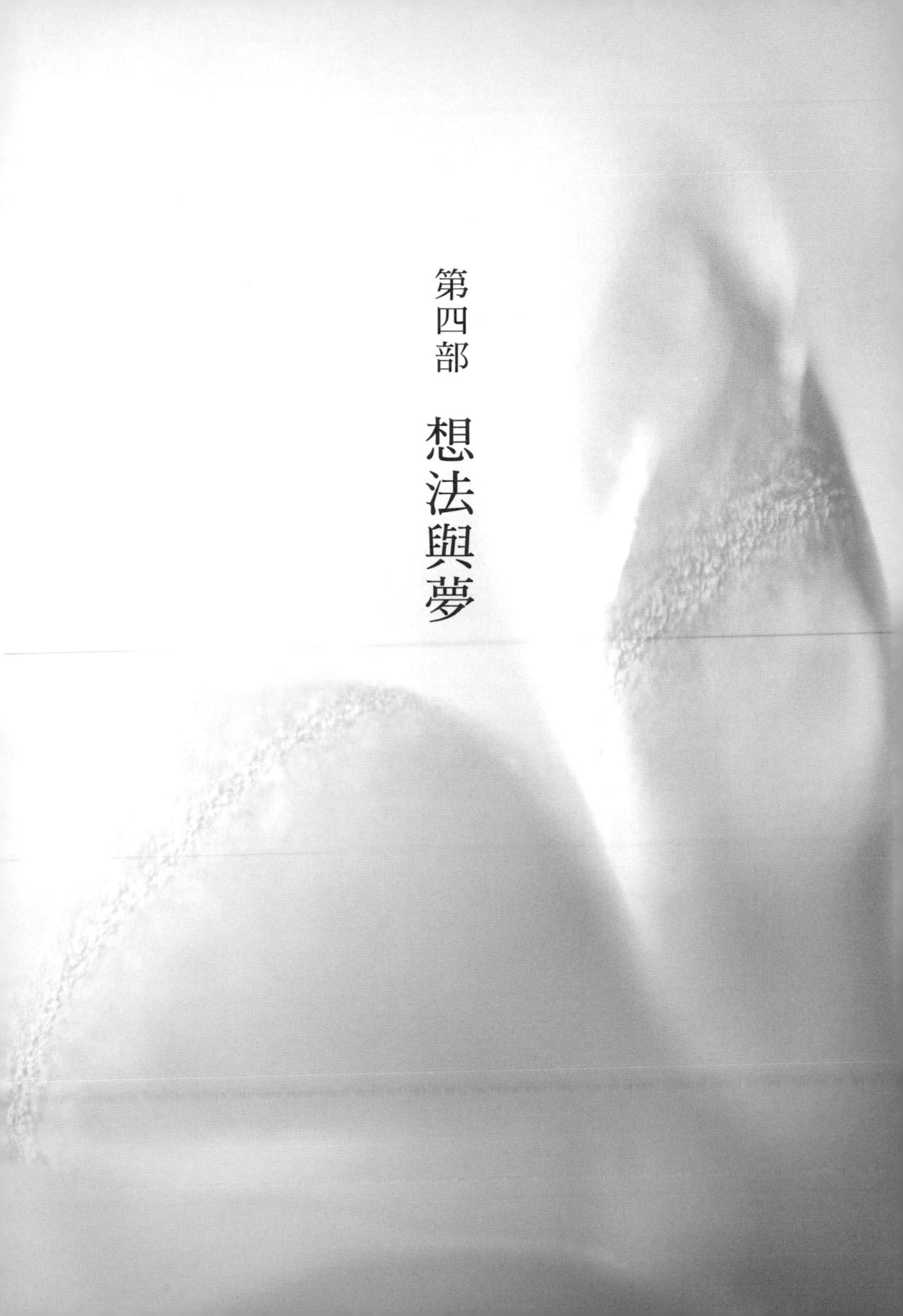

第四部　想法與夢

16 你的心智不該只用來儲存個人偏好

幸運的是，你的心智有個超越個人心智的層次，稱爲：與個人無關的心智、抽象的心智，或甚至是純理智的心智。這層心智不會因爲你的業行所引起的內在騷動而分心，可以不受阻礙地自由翱翔，進入更高層次的心智表現所擁有的純粹才華和創造力。

心智的這個更高層次，稱爲**抽象層**，是你建造太空船、研發空調系統和發現原子存在的地方。抽象心智讓人類得以眞正偉大。你不受限於透過感官去體驗，更可以在純粹的智力領域中自由探索。心智幾乎可以帶你去任何地方。你想建造可以在火星上漫遊的探測車，以便在網路上探索這個星球嗎？太棒了，你做得到，因爲心智能夠超越感官極限和個人思想的極限。心智可以在許多層面上運作——問題是，你在用它做什麼？

在智力上，你有能力從外在取用圖像做創造性的事，可以自由使用心智力量，來進行藝術的抽象活動和智性的邏輯活動。後者有個完美例子是愛因斯坦的思想實驗，愛因斯坦坐在扶手椅上，推理出非常抽象的概念，提出許多偉大的理論。這是對心智力量的極大讚頌，與迷失在個人思想中，並讓這些關於自己的想法成為生命的全部意義，可說相去甚遠。一旦對自己想要什麼和不想要什麼，以及如何迫使世界變成如此模樣，產生了想法，內心永遠不會好過，你會因此無法擺脫自身轉為抽象，會失去許多抽象思考的強大力量。生活將成為現實與心理偏好之間的一場戰鬥。這種心智的使用被稱為個人心智，因為內在生出的種種想法全都關於你和你的概念、觀點和偏好。

正念教我們將覺知集中在當前時刻，鼓勵你專注於個人心智以外的其他事物。專注於當下是讓意識擺脫不斷沉迷於個人的一種方式。超越個人心智的另一種方法是，使用理智頭腦來創造、來做在本質上與個人無關的事，包括成為解決問題的工程師，或是研究疾病及如何治病的醫學研究人員。藝術、電腦科學、數學，這些都是與個人無關的心智所成就的美麗範例。如此優秀的心智實在不該用於儲存你所有的個人偏好，然後認爲整個世界都應該與儲存的內容相符合。

外面的世界根本不會神奇地符合你儲存在心智中的事物。事實上，期望與之相符並不聰明。將一生投入於與生命抗爭，好讓人生與過去的好壞經驗保持一致，這眞的很聰明嗎？如果你總是擔心，並掙扎著讓人生按自己的想法過，怎麼能享受生活？但這就是所有社會都在做，也幾乎是每個人都在做的事。人們就是還沒有進化到足以學會不這樣做。富人、窮人、生病的人、健康的人、已婚的人、單身的人，同樣如此受到束縛。如果他們得到了想要的，會覺得相當不錯；如果沒有得到想要的，或多或少都會覺得痛苦。幸運的是，你不必這樣生活。有一種更高層次的生活方式，但需要你改變與心智及眼前展開的生活互動的方式。

爲了理解這種轉變，讓我們先來看看你如何決定想要什麼和不想要什麼。如果去留意，你會發現過去的經驗決定了偏好。你的觀點、意見和偏好並非從一開始就有，而是根據過去的資訊產生的。舉例來說，假設你原本在戀愛關係中感到無比安全，後來聽說朋友分手之後很痛苦。突然之間，你開始擔心自己的關係。你在聽說朋友的事之前都很好，現在卻惴惴不安。你把分手的概念儲存在心智中，即使別人的事其實與你一點關係也沒有，你卻認為這和你個人有關。

有沒有可能在處理資訊時，不讓它被困在心智中？當然有。朋友遇到了問題，並與你分享。這個問題進入你的心智，通過意識，而你體驗到同情的感覺。這種互動實際上讓你成為更好的存有。你能夠完全吸收生活的現實，而不讓它被困在心智中。如果你之後想要回想，可以蓄意從記憶中讓它以最好的樣貌呈現，但這件事不會一直自己冒出來。由於它沒有困在有意識的心智中，也沒有進入潛意識，就不會對你的生活產生不利影響。事實上，因為你能夠處理這個經歷，你因此成為更好的人。

另一方面，如果無法在不抗拒的情況下處理這個經歷，它就會停留在有意識的心智中，並造成破壞；如果加以抗拒，就會被推到潛意識裡，留在裡面潰爛，並將干擾源擴散到整個心智中。無論是哪種情況，都會將害怕的事物儲存在心智中。這樣一來，你就會害怕自己的想法。怎麼可能不會怕？心智中產生了一系列不愉快的想法，而且會不斷出現。現在，為了得以安頓，心智中的分析層必須被用來弄清楚外在世界需要發生什麼事，才能讓你好起來。這就是偏好的來源。它們只是試圖利用外在事件，來解決你內在不愉快的事實。於是，你會不斷根據偏好來判斷正在發展的所有事。

從以上描述可以很容易就看出爲什麼人們彼此意見不合。透過你的雙眼進入的經歷，沒有其他人有過，你的心智經歷過的事物和別人的完全不同。當然不會一樣，因爲你心智中的資料來自你的經歷。其他人沒有過這樣的經歷，甚至沒有類似的經歷，無論是配偶、孩子或朋友都沒有。不僅過去的經歷不同，處理的方式也不同。我們當然可以強迫自己遵循其他的思考方式來獲得認可，但這只會讓你的內在變得更加複雜。你不僅擁有來自儲存下來的過往印象的預設思考方式，現在還必須抑制其中的一部分，以符合「群體」心態。難怪那裡面亂七八糟！

你把所有與個人有關的事物都藏在心智裡，無論是好的、壞的，或醜陋的。不可避免的結果是，如果眼前的這一刻恰好與儲存的模式相吻合，你會感覺良好，覺得開放、興奮、充滿熱情；但如果與儲存的模式不一致，就會感到不安，立即關閉心房，心生防禦，甚至可能變得沮喪。

現在回到我們之前提出的問題：「在裡面是什麼感覺？」有時很好，有時不是；有時像天堂，有時像地獄。而這就是原因。不是因爲神如此安排，是你一手造成的。

你被賦予了自由意志，卻用自由意志把心智弄得一團糟。你並未因爲眼前這一刻竟然存在而感到敬畏，反而與之抗爭，以使其符合你想要的一切。

17 帶來痛苦的是你，不是事件

一個人的偏好之所以存在，是因爲你將過去的經驗儲存在個人心智中。這麼做會讓處在裡面變得困難，但是你並未加以修正，而是加倍努力嘗試滿足偏好。「我想要感覺良好，而感覺良好的方法就是得到我想要的房子。」「感覺良好的方法是擁有我一直想要的車。」「感覺良好的方法是找到更好的戀人——現在這個不好。」這些想要抵消堵塞的嘗試，充其量只是短暫的，因爲你實際上並沒有擺脫堵塞。

我們在生活中的基本選擇，不是持續控制生活以抵消堵塞，就是將所有時間花在擺脫堵塞。事實是，我們將這些業行儲存於內在。雖然不應該，但我們還是這麼做了。現在，我們不擺脫業行，卻希望世界加以配合。我們知道這種情況不會自行發生，因此使用心智的個人思想層來分析，世界要如何才能與我們想要的一致。我們善於弄清楚如何讓某人受我們吸引，或者改變事物，使其更能配合我們的局限。我們所做的每件事，幾乎都受到這種個人思想層的支配。這與愛因斯坦理解 $E = mc^2$ 時的心智分析能力相同，你卻用來弄清楚如果有人說你壞話時該怎麼辦。整個心智層會推理並分析你儲存的模式，以試圖明白當世界進入時，應該呈現什麼樣子，才能感覺良好，並且永遠不會感覺不好。

正因爲如此，你在做決定時總是會遇到許多麻煩。你想要弄清楚每個選擇會讓你以後有什麼感覺。「我想住在哪裡？我應該換工作嗎？我需要弄清楚這一點。」你嘗試在心中構想出建議的行動如何與儲存於內在的模式一致。你甚至是不假思索地這樣做。「當然，這就是我正在做的事情。我還能做什麼？」要不要試試活在現實中，並享受在你眼前展開的時時刻刻？這就是你可以做的其他事。用心智去創造、鼓舞人心，並做偉大的事。不要讓心智總是想著自己、想著它想要什麼。要學會享受生命的本來面目，而不是限制自己享受生命的方式，只爲滿足你過去的印象。

心智中以自我爲中心的分析層是最糟的。這是你建立的模型，說明一切人事物都必須要是什麼樣子，才能讓你感覺良好，包括明天的天氣。「明天最好別下雨，我要去露營。」現在你對天氣感到不安了！你無法控制天氣，卻因天氣而感到困擾。不僅止於天氣。你前面的駕駛以低於限速十五公里的速度行駛，讓我們聽聽你的想法：「太荒謬了。我沒時間等他慢慢開。這些龜速的駕駛是怎麼回事？開得慢就該切到慢車道。」事實上，問題不在於你前面的人如何駕駛，問題是你的頭腦在想著前面的人如何駕駛。最終，你開發出完整的智慧分析模式，說明每件事都應該是什麼樣子：人們應該如何表現，你的配偶在外出時應該如何打扮，甚至交通流量應該是多少。和這類有關的事你做了多少？幾乎每件事。你眞誠地相信，你設想的就是它應該是的樣子。然而眞相是，這很荒謬。你根據過去非常有限的經驗在腦海中設想的一切，都與現實世界中應該發生的事沒有任何關係。

花點時間想一想。你希望的天氣與未來的天氣無關。天氣與氣象有關，和你的偏好無關。如果眞的想知道爲什麼你休假時偏偏下雨，就去學習科學吧。聰明的人能理解世界不會按照自己想要的方式展開，因爲本來就不該如此。我們對世界如何呈現都有不同看法，但只有一個世界。我們最好把現實留給科學或神，而非個人喜好。你眼前的世界背後有股現實的力量，依據使其成爲現在的樣子的作用而展開，並有數十億個作用可以追溯到數十億年前。相比之下，你只是根據過去的印象來設想世界應該是什麼樣子。當現實並未如你所願發生時，你卻說現實是錯的。「我不喜歡那樣。這種情形不應該發生。」

這裡有個獲得洞察力的技巧。把心智放在外太空，了解到那裡什麼都沒有，九九．九九九％都是虛空。所有星星之間皆只有一片空白空間。離太陽最近的恆星距離我們四．二光年。要知道這樣的距離有多遠，請想像在地球上方有一道光束。現在，讓那道光走一秒鐘，在那一秒鐘內，光繞了地球七圈半。以這樣的秒速旅行四．二年，你就會到達下一顆恆星。兩者之間幾乎空無一物，我們稱其為星際空間。這就是整個宇宙中所有星星之間的情況。試想來到星際空間，什麼也看不見，你怎麼會喜歡？這就是九九．九九九％的宇宙。而你每天接收到的都是奇蹟！有顏色、形狀和聲音，每一刻都給你帶來驚人的體驗。然而你卻只是說：「不，這不是我想要的。」當然不是你想要的，重點也不在於此。與其將眼前的這一刻與你在心智中建立起來的偏好比較，為什麼不與什麼都沒有比較呢？因為這構成了九九．九九九％的宇宙。

如果你這麼做，會發現自己很慶幸能夠擁有日常經歷。這些當然比虛空要好。

聰明人會選擇這樣生活。另一種選擇是受苦，因爲事情不如你所願。之前，我們討論了佛陀的第一個聖諦：**有生皆苦**。現在我們得到第二個聖諦：**受苦是因為貪**。換句話說，痛苦的原因是偏好，想要決定事情的走向，當事與願違時，會感到沮喪。事實證明佛陀是對的。事件本身不會導致心理或情感上的痛苦，帶來痛苦的是你。如果你不這樣做，事情就是照原本的樣子展開。永遠記住，需要一百三十八億年的時間，才能讓一切展開成你面前這一刻的樣子。

有個例子可以完美說明我們如何造成自己心理上的痛苦，那就是我們如何看待自己的身體。年輕時，看起來是一種模樣；變老時，看起來會是另一種模樣。那有什麼問題？你看著身體自行改變，根本可以說是奇蹟。這是自然的過程，不應該引起痛苦。同樣地，在一生中，你會擁有許多不同的經歷，而這些經歷不應該造成痛苦。經歷就只是經歷，不是痛苦。但是，如果對這些經歷有所期待，而事與願違，就會受苦。**你在心理上決定想要些什麼，然後與眼前展現的現實比較，是這樣的對比造成了痛苦**。無論不一致到什麼程度，你都會受苦。

我們在這裡探索的比大多數人想達到的更深，但事實就是如此。根據過去的印象，你已經在心智中設定了喜歡和不喜歡的事物，導致現在你真的相信世界就該是如此。顯然，這不是基於事實的信念，而只要你這麼想，日子就會過得很艱苦。

我們現在對個人心智有了相當清晰的認識。我們已經看到，心智的第一層是接收感覺的層次，第二層是我們在生命流入之際沒有讓其通過的業行。在此基礎上，我們建立了非常個人的喜歡和不喜歡的思考模式，試圖讓生命以我們想要的方式展開。這些喜歡和不喜歡的印象如此強大，以至於意識完全沉浸在它們產生的生命模型中。事實上，我們如此專注其中，以至於形成了自我概念。「我是喜歡這個，不喜歡那個的人，我非常認真地想要得到我想要的東西。」這個模型讓我們分心，以至於甚至沒有覺知到自己回到那裡觀看這一切。但我們確實回去看了，否則怎麼知道正在發生呢？

18

刻意創造和自動產生的想法

你在裡面，有能力產生想法。現在在腦海裡說「你好」，一遍又一遍地說。你的頭腦跟著做了，不是嗎？如果你沒有刻意這麼做，腦子裡就不會出現這個詞，不是嗎？你顯然有能力刻意讓頭腦產生想法。一般來說，有兩種截然不同的思考模式：刻意的和自動的。我們先探索你刻意創造的想法。

你可以用兩種不同的方式刻意創造想法：可以透過腦中對你說話的聲音讓思想聽到，例如說「你好」，或者可以用心智之眼創造想像畫面。例如，現在想像一艘船。你在頭腦中看到了嗎？現在想像一艘更大的船，甚至再想像更大的船。看看內在的瑪麗皇后號。除非你故意讓那艘船在那裡，否則它不會出現在腦海中。再一次，我們知道，你顯然有能力讓頭腦產生想法。

除了刻意的想法之外，還有另一類是自動的想法。這些不是你刻意決定創造的，而是就這樣突然出現在腦海中。一旦出現，你可能會注意到，但你並沒有像創造船一樣，刻意決定創造它們。絕大多數想法都是自動生成。你開車在街上享受兜風的樂趣，頭腦開始自己產生念頭：「我爲什麼要說那些話？如果我沒有說，我們可能還在一起。嗯，這不太可能——在那之前我們之間就已經出了問題。」你不是刻意讓頭腦產生這些念頭。這就是你腦海中自顧自說話的那個聲音。如果你懷疑這個聲音是自己冒出來的，請試著阻止它一段時間，心念之流很快就會回來。

假設有人應該在三點鐘致電給你，到了三點三十分，電話還沒有來。這三十分鐘會發生什麼事？頭腦會自己創造想法。你不是刻意決定：「我想擔心這個。好吧，頭腦，來產生令人擔憂的念頭吧。他是遭逢意外，還是放我鴿子？」你沒有那樣做，而是你的頭腦自己做出這一切。這些念頭甚至沒有意義，反而具有破壞力，毀了你的三十分鐘。問題變成了，如果你終究要花三十分鐘等對方打電話，爲什麼要讓自己痛苦？好吧，其實你並沒有這麼做，是你的頭腦正在這麼對你。

如果你去留意，會發現大多數想法都是由頭腦自己不斷創造的。只要看看自己淋浴時，看看自己開車時，看看自己下班休息時，你會看到頭腦不斷創造想法。即使有人和你說話，這些話或許透過感官進入，但你並沒有全神貫注聽他們說話，你也在傾聽頭腦對所說內容的反應。你在想：「我不同意這一點。我永遠不會那樣做。」你的頭腦只是在跟自己討論，而不是聽那個人在說什麼。如果你觀察那些自動生成的想法，會發現範圍很廣，從有趣到可怕都有。無論如何，讓所有雜音一直在腦海裡響著眞的明智嗎？如果你費心思量，會發現這樣並不明智。

這些想法從何而來？爲什麼是頭腦自己創造的，而不是你故意這樣做的？我們其實已經討論過這個問題。當你儲存一個業行，也就是一個未完成的心理和情緒模式，那個模式不會安靜地存在於你之內。任何因爲你的抗拒或執著而儲存在頭腦中的東西，都在試圖釋放。這是能量上的現實，就像牛頓運動定律一樣。能量無法停留在裡面，除非你持續以相反的意志力留住它。這就是爲什麼它一直冒出來。母親在二十五年前對你大吼大叫，傷害了你，現在若有人突然提到自己母親吼叫的事，所有這些情緒和心理的狀況就會在你內心浮現。爲什麼？那個堵塞的能量總是頻繁地試圖出現。就像在一條堵塞的河流中，堵塞物試圖釋放其受到壓抑的能量。留在你之內並不舒服，所以你必須不斷地用意志力加以抑制。你浪費了多少能量把這些垃圾藏在裡面？

就像身體總是試圖排出雜質一樣，頭腦也在試圖把這些心理上的雜質排出去。這就是當頭腦產生自己的想法時會發生的事。有時，這能追溯出源頭，有些則不那麼容易。重點是要了解，頭腦爲什麼創造一個想法，而不是另一個，一定有其原因。

讓我們回到某人遲遲未打電話的例子。你的頭腦可能會開始產生擔憂的念頭，擔心你可能做了什麼讓對方不開心，以至於沒打電話。但這不是有意義的問題。有意義的問題是，爲什麼出現的是這個可能原因，而不是其他原因？原來，在你十歲時，曾經有人說：「你是對的，我沒有打電話給你。我是故意的，因爲我不喜歡你的所作所爲。」多年之後的現在，當有人不打電話時，那句話又回來了。如果多年前某人沒有打電話，是因爲他想親自帶一份特別的禮物來給你驚喜，現在當有人不打電話時，你會對接下來可能發生的事感到興奮。這些印象會留在內心，並不斷嘗試釋放被壓抑的能量，最終會左右頭腦自己創造的想法。這幾乎是所有自動產生的想法的本質。這些想法不應該被視爲重要的事實，或對眞正發生的事情的深刻洞察，而只是頭腦試圖清理儲存在裡面的模式罷了。

19

夢與潛意識

爲了更加理解儲存的心智能量如何釋放，讓我們來討論最受歡迎的心理學話題：夢。什麼是夢？傳統佛洛伊德學派對夢境的概念是，外在發生的一些事件會在頭腦中留下未完成的印象。有個小男孩想要一輛自行車，但沒有得到，而他在睡覺時，夢到他有一輛自行車。原本和自行車有關的事件並不令人愉快，所以男孩在頭腦裡推開了它，並將其壓抑；當他入睡並且不再過度控制自己的思想時，頭腦可以自由地釋放男孩醒著時無法自由表達的事物。我們都常常經歷這種類型的夢。來自清醒世界、引發強烈感受的事件進入夢中世界。你並非刻意這麼做，是頭腦試圖釋放累積的能量模式。

有各式各樣的夢。佛洛伊德稱我們一直在討論的夢是基本的**願望實現**。它是在清醒的頭腦中形成的業行，透過創造你在睡夢中看到的想法來釋放能量。這些構成夢的想法與清醒時頭腦自動產生的想法沒什麼不同。夢當然生動得多，尤其是在意象上。這是因爲睡覺時，頭腦可以完全專注於創造想法，而不會一直因爲感官或正在發生的許多其他層次的想法與情緒而分心。此外，你不會故意將這些想法推開。這就是爲什麼入睡時頭腦更有創造力，可以創建立體和充滿鮮豔色彩的完整、複雜世界。大多數人在清醒時都無法做到這一點，儘管他們的頭腦顯然完全有能力做到。

一旦停止壓抑不舒服的經歷，你會了解到，潛意識本身其實並不存在。意識的頭腦和潛意識的頭腦，實際上是同一個頭腦，看到差異的唯一原因，是我們人爲地加以劃分。要理解這一點，可以想像環顧一屋子的人並說：「我喜歡房間右邊的人；我對那些人很滿意。然而，房間左邊的人，他們讓我很不舒服。」說完之後，想像一下你再也不會看向房間的左邊，因爲這會讓你不舒服。你剛剛做的，就是把房間分成你覺得舒服和不想與其有瓜葛的部分。後者雖然存在，但對你來說不再存在。你就是這樣創造出潛意識。你不願意看的那部分頭腦，就是我們所說的潛意識。

幸運的是，一旦停止壓抑，這些人爲分割的部分就會合併。你將收回頭腦的其餘部分，並且可以充分運用其功能。想像一下，爲了把所有這些亂七八糟的東西都推到潛意識裡，浪費了多少精神氣力，然後這輩子甚至都必須讓它們留在裡面。只因爲我們無法處理在眼前經過的時刻，就把一切弄得一團糟，眞是不可思議。

我們推入潛意識的想法，在清醒狀態和做夢狀態都發揮著作用。頭腦之所以在夢中創造自動產生的想法，與頭腦在清醒時創造自動產生的想法，原因是一樣的。在這兩種情況下，你都不是刻意創造這種心理活動。它是自行發生的，因爲頭腦試圖釋放堵塞的能量。

清醒狀態和做夢狀態之間的共同點是，覺知到這兩種狀態的是同一個意識。觀察夢境的你，就是觀察清醒時的思想和體驗外在世界的你。這就是爲什麼當你醒來時，你可以說：「我做了個美夢。」你怎麼知道的？因爲你在裡面，而那也是清醒時有意識的你。有趣的是，因爲是同一個你，所以在夢裡可以有很多靈性上的成長。偉大的瑜伽大師梅赫．巴巴（Meher Baba）說，你可以在夢中消除業力。他說，夢中的經歷實際上對靈性進化有益。至少你允許一些清醒時不允許的堵塞能量釋放，這有益健康。

我們可以從夢境中更加了解自己。比起不喜歡發生的事或沒有得到自己想要的，如果儲存在潛意識中的東西，更加讓人痛苦，會怎麼樣？有些事比偏好更難處理。有些業行如此之深，甚至無法在夢中出現，如果試圖釋放，你會在非常不安的狀態下從噩夢中醒來。換句話說，即使在夢中顯現，意識也無法體驗。你對其抗拒，並感到相當不舒服，因而醒過來。那麼，這種能量要如何釋放？

儲存在心智中的未完成能量，總是試圖在某個層次中釋放。如果釋放會讓你從夢中醒來，那麼心智本身就象徵著它試圖表達的東西。你不會夢到殺死你弟弟的車禍，而是夢到有鳥在頭頂高飛，一隻鷹俯衝下來，抓走其中一隻小鳥。你願意觀看那個夢，但你不願意看著你所愛的人因爲車禍死去。這一切都非常眞實。心智幫了你一個忙。出色的心智這樣做是爲了保持健康，並至少釋放一些被壓抑的能量。這就是夢的象徵意義。當心智表現出足智多謀時，這樣的出色眞是令人讚嘆。就像身體總是試圖自我療癒一樣，心智總是試圖釋放這些卡在你裡面的雜質。

20 清醒的夢

在此刻，你當然可以感嘆於頭腦的巨大力量，尤其是能夠自己創造夢。創造夢並非刻意的行爲，頭腦有能力自己達成。但正如你所見，你的夢並非頭腦自動創造的唯一心理客體。腦海中整天說話的聲音和頭腦創造夢時，使用了完全相同的表達能力。把頭腦中的對話稱爲清醒的夢沒什麼不對，那個聲音所說的每一件與個人有關的事，都是因爲你儲存在內心的業行。清醒的時候，頭腦會試圖在白天釋放這些堵塞。例如，你看到有人在跑，那個聲音在內心說：「我想知道他做錯了什麼，看起來就像我哥哥逃跑時的樣子。這傢伙在逃避什麼？」問題是，現在的情況和你哥哥沒有關係，這個人可能是在跑步、在運動。你的頭腦正在利用這個機會釋放被壓抑在內心的能量。這就是爲什麼有許多腦袋裡的對話是負面的。儲存在內在的絕大部分能量都源於你不喜歡的事物，當隨後發生的事件激發了這些負面的業行時，新的事件會自動被體驗爲負面的。本質上，負面性會不斷加劇。

如果你眞的想看看你的偏好如何使生活成爲負面體驗，就去蓋房子，然後把廚房的牆壁漆成白色。你知道有超過五十種白色嗎？試著挑選你想要的白色。換句話說，只有很小的顏色選擇範圍可以符合你的偏好，讓你感到滿意，其餘的一切都會讓你心煩意亂。看看你面臨的機率。生活中可能發生數十億件與你個人偏好不符的事，符合的事卻很少。在這種情況下，生活極有可能成爲負面體驗。這不是因爲生活是負面的，而是因爲對你來說唯一不是負面的，是與你的偏好完全一致的事物。

理解這一點非常重要。是你建立了無法獲勝的系統。你擴展了可能會讓你困擾的內容範圍，把讓你想起過去煩擾了你的事的所有經歷都含括進來。更重要的是，如果一切都必須絲毫不差地如你所願，那麼生活幾乎不可能讓你完全滿意。理解這一點，會讓你知道過去和現在的偏好有多大的力量——你擁有的偏好越多，就會越難感覺良好。

到目前爲止，我們對於心智已經有了許多認識。先是理解空寂之心，然後討論了心智的「此時此地層」，它在內部呈現感官接收到的圖像。在這個心智層之上，眞正的麻煩開始產生。在裡面的你，一個知道你在裡面的意識實體，使用意志的力量來阻止某些圖像直接通過，於是導致了被稱爲業行層的心智層。它保存了你從過去儲存的印象，這些印象成爲個人偏好的基礎。然後，好像你在心智中構建了這整個結構還不夠，你還想法設法爲它服務。你的意識迷失，不斷地聚焦於這種虛假的自我心理概念。

幸運的是，有一條出路，稱爲**見證意識**。如果你能學會放鬆，只是觀察腦海中的那個聲音，就可以解放自己。這裡說的不是關掉聲音。永遠不要與頭腦對抗。你是對頭腦做出這種事的人，怎麼敢抱怨自己的頭腦？如果你一直吃讓你生病的食物，你會對食物大喊大叫嗎？當然不會，你會改變行爲。同樣地，由於正是這些儲存的業行擾亂了你的頭腦，於是你改變內在行爲。做到這一點的方法很簡單：釋放已經儲存的業行，並且不要繼續儲存。說來容易做來難，但我們一定會找出方法。

有件事會使這項任務變得複雜。頭腦不是唯一讓找到內在平靜變得困難的力量——還有情緒。頭腦不斷透過內在的聲音釋放儲存的能量已經夠糟了，但頭腦有一個妹妹，心。心可以產生情緒，使處在自己之內變得非常有趣——有時就像裡面有座火山正在爆發，有時內在狀態十分美好，讓你只想融入其中。這是怎麼回事？更重要的是，你能做什麼？正如你所料，這正是我們要去的地方，接下來將繼續探索處於自己內在的感覺。

第五部　心

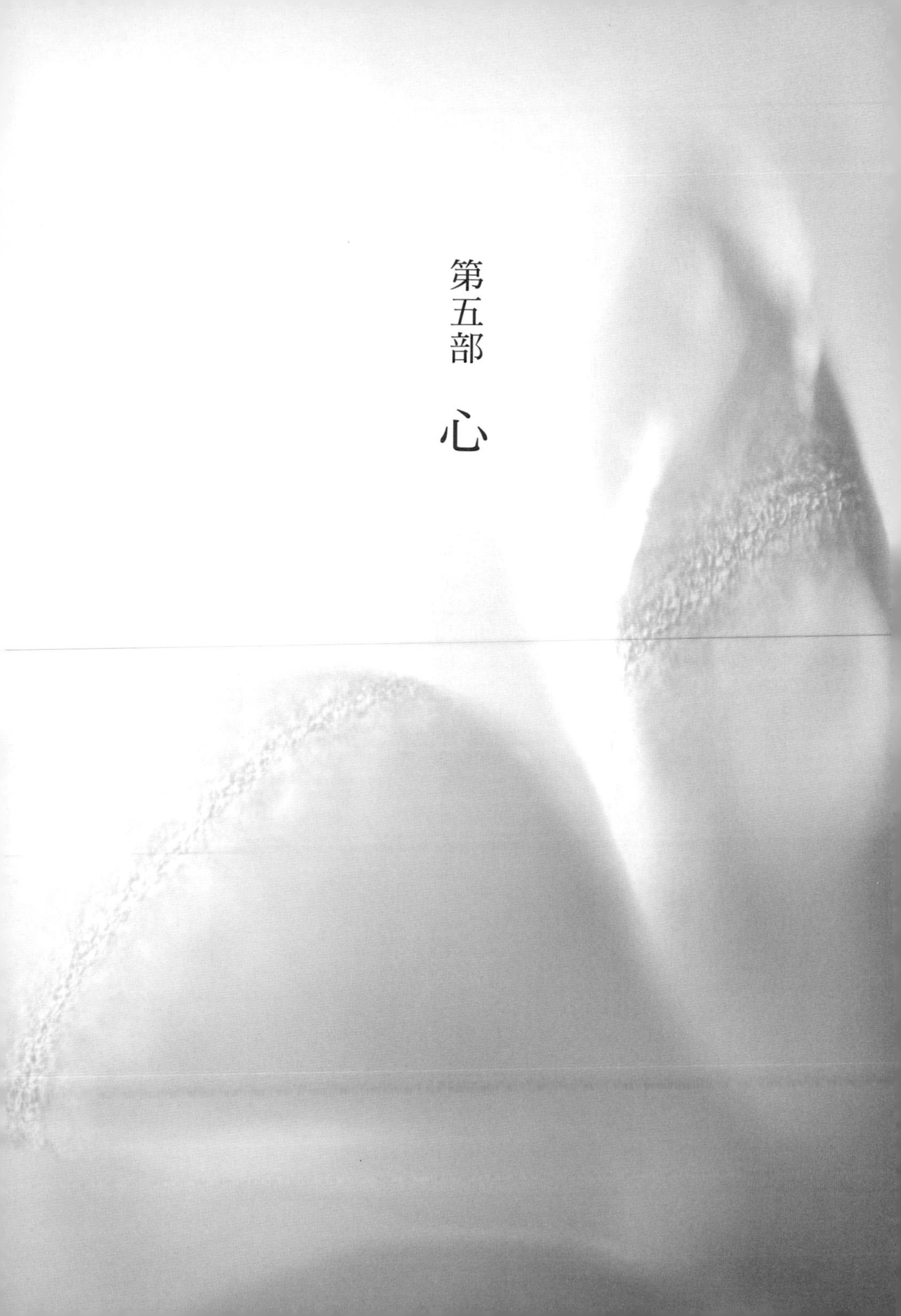

21 了解情緒

審視周遭世界及心智的本質，可以讓我們更加了解自己。我們非常清楚，待在裡面並不總是那麼容易。頭腦產生的種種想法可能會讓人非常不舒服，透過感官進入的世界可能會在內部引發眞正的風暴。最重要的是，內在體驗到的另一樣東西可能比想法更令人不安，那就是情緒。

情緒與想法大不相同，但大多數人不會費心加以區分。想法與情緒的結合可以稱為**精神**或個人自我。精神與身體完全不同，精神是在內在發生的非物質世界。能夠清楚看出想法與情緒之間的差異非常重要。如果被要求指出你的想法，你不會指向腳趾，而會指向頭部附近的區域，這是因爲想法是在頭腦中產生的。另一方面，如果你被要求指出像愛這樣的情緒來自哪裡，你會指向心。這就是爲什麼情人節卡片上有心，而不是腳趾——我們會將愛的情感與心聯想在一起。這是可以理解的，因爲情緒由心產生——不僅是美好的情緒，而是所有的情緒。如果有人做了傷害你或讓你嫉妒的事，你的內心會感到痛苦或混亂；如果你在工作中獲得靈感，就會全心全意地投入計畫。這裡的心指的不是你的心臟，你不能把一顆心放入計畫中。我們指的是靈性之心或能量之心，很快就會深入討論。

情緒與身體無關。你有可能站在一個正在經歷快樂或悲傷的人旁邊，他們卻沒有表現出來。你看不到情緒，只能感覺。事實上，「情緒」和「感覺」這兩個詞可以互換。就像在內在體驗想法一樣，你也會在內在體驗種種感受，然而，情緒與想法完全不同。

讓我們來檢視這種差異。正如之前所探討的，頭腦會產生想法，並以兩種不同的方式向你呈現：一種是透過腦海中的那個聲音以言詞表達，另一種是以心智之眼以視覺呈現。心的交流方式則完全不同。情緒不會用言詞跟你說話，它們不是你腦海中的一個聲音在說：「我感到非常嫉妒。」而是因爲你**感到**嫉妒，聲音才會這麼說。那是一種感覺、一種知覺——這就是情緒。這也是爲什麼我們在談到情緒時使用「感覺」或「感情」，例如「他傷害了我的感情」，這麼說意味著與對方的互動在你內心產生了不舒服的情緒。因此，你的頭腦中有言語或視覺的念頭，心中也會有稱爲情緒的這些完全不同的東西逸散出來。情緒實際上是種振動，不像想法那樣形成特定的對象。情緒更爲精微，更像是雲，而不是可以定義的對象。出現時就像波浪一樣從身上流過，沖刷我們所說的氣場或能量體。情緒只是體驗到能量變化的感覺，就像《星際大戰》中的歐比王所說：「我感覺原力受到了很大的干擾。」

你總是有內在的感覺，但在感覺改變之前，你不會注意到。請注意，只有當情緒變得極端時，你才會提到。「這對我造成了極大的傷害。我無法相信你如此傷害我。」或者：「我感受到如此多的愛。這是我有過最美好的感覺。」這些都是情緒的極端例子，引起了你的注意。你可能沒有留意到，但是一整天都會有種正常狀態的情緒能量流過你的心。當能量離開時，你注意到變化，並說：「我的心不受我控制。我沒有力氣。」當恐懼接管時，你的心可能變得不受控制。發生了某件事，讓你的能量因此下降。相反地，你可能會說：「我的心有翅膀。」突然之間，你心中的情緒能量上升，並激勵你。這些變化來自平常流經心的情緒能量的穩定狀態。隨著越來越接納自己的情緒，你會注意到，就像想法一樣，情緒幾乎一直存在。

正如想法一樣，問題變成：誰感受到了這些情緒變化？你怎麼知道你感到憤怒？你怎麼知道你感受到了愛？你知道，因爲你在裡面，你知道那裡面發生了什麼事。這種靈性上的清明感受十分深刻。你一直非常關心情緒本身，並未意識到你是在裡面體驗它們的人。我們一起踏上這段旅程的目標，不是改變你的想法或情緒，而是讓你坐在自性之位上，同時接受這些正在發生的不同轉變。從這個有利的角度來看，情緒可以改變，你可以注意到它們在改變，但你哪裡也不去。你仍是那個注意到情緒、聽到想法並透過眼睛向外看的人。這個人是誰？這就是我們的旅程所要探討的。除了自性之位外，任何地方都沒有靈性。靈性是關於靈的，而自性之位就是靈。

坐在見證意識之位上時，不需要刻意觀察情緒；相反地，只要去覺知裡面發生識。這樣做不需要意志或努力。你只是覺知到自己聽到或看到你的想法，感覺到你的情緒。如果你留意，會發現情緒就像風吹過你的感覺。風可以很舒服，就像微風一樣，也可能很可怕，就像時速一百六十公里的颶風吹在臉上。你肯定已經注意到情緒的起伏，且不需要努力就能注意到，但要處理你注意到的事，可能需要付出努力。情緒是從心發出的非常敏感的振動，因此很容易就能轉移。心比頭腦敏感得多，我們能控制的部分也少得多。

毫無疑問，當心發出特定的能量振動時，頭腦就會開始相應地說話。就像天然湧泉一樣，如果你潛入泉源，會看到有水從開口處冒泡；當水到達表面時，會產生漣漪和各種圖案。表面的活動與源頭的活動非常不同，你的心也是如此。心在釋放特定振動頻率的能量，那個振動會自動進入頭腦，你不必先注意到自己感到嫉妒，然後再決定最好想一想。心中發生的事最終會以想法的形式出現在頭腦中。你儲存的業行正試圖從心中釋放能量，而這使頭腦變得活躍。業行的根源儲存在心中，那就是你從頭腦中趕走的模式所去的地方。它們沒有消散，而是往下深入能量流的源頭，也就是你的心中。

很少有人了解自己的心。許多知識分子因爲心過於敏感、容易起反應，只想壓抑。他們寧願以頭腦過生活，因爲如此才能掌握更多控制權。有人傷害你，你感受到不舒服的情緒，然後直接運用頭腦，將其合理化：「他不是故意的，沒關係。不要認爲和你個人有關。」這算是正向思考。否則就是負面的想法會浮現：「我不會忍受這種狀況。沒人會那樣跟我說話。這些人以爲他們是誰？」無論哪種方式，你的頭腦都在告訴你的心：「沒關係，我會處理。」你只是將覺知引導到頭腦中，這樣你就不必感受從內心發出的難以處理的情緒。

請注意，意識可以完全集中在心上、完全集中在頭腦上，或者可以將其覺知分散在兩者之間。當情緒非常愉快時，你可能會有不理性的行爲傾向，因爲不想將覺知從心中的美轉移到理性的頭腦；另一方面，當情緒不愉快時，你可能會試圖藉由讓想法分散你對內心發生的事的注意力，來改變內在體驗。**頭腦變成了靈魂躲避心的地方**。要超越這種躲在心中或頭腦中的傾向，只須了解，在體驗內在發生之事的，始終是同一個有意識的覺知。

22 心爲何敞開和關閉

如果想了解你的心，首先要明白你不是你的心，而是心的體驗者。當情緒發生時，你是覺知到這件事的意識。當愛在你內心迸發，你說你戀愛了，眞正的意思是，你感覺到愛從內心湧出，包圍著你。你漂浮在愛的海洋中，但你不是你感受到的愛，而是你感受到的愛的體驗者。請注意，到目前爲止，我們還沒有考慮過對方在這段愛的體驗中的角色。這是因爲當你開始感受到愛時，眞正發生的事，是你的心正在敞開，並散發出美好的能量流。這樣的體驗驅使你說出來的，應該是「我愛愛」，但你卻說「我愛你」。這是第一條線索，讓你了解對方在你的愛的體驗中所扮演的角色。只要對方的存在幫助你敞開心扉，你就會感覺到對他/她有愛；如果對方的存在不再讓你敞開心扉，你就會開始尋找其他對象。這就是人際關係如此困難的原因。我們以爲愛從外面來，而不理解它其實一直就在你裡面。

愛的眞正流動與你和你的心有關，與其他人無關。愛是一種能量流，穿過你的心，你在裡面得以體驗。某些人或環境毫無疑問地會導致你的心敞開或關閉，但是敞開和關閉是你的心做的，而不是其他人。當我們討論完這件事，你就會明白爲什麼會發生這種情況。現在，讓我們看看，如果不理解愛完全是內在體驗，而將這種體驗投射到其他人身上，會發生什麼事。

當我們將愛的來源投射到自己之外的那一刻，一切都變得與個人有關。我們的占有欲往往會變得很強，這是很自然的。我們想要感受愛，並將這種體驗投射到另一個人身上。爲了繼續感受愛，我們必須留住對方，嫉妒、需要和依賴這樣的人類情緒由此產生。同樣地，如果我們正在感受愛的流動，而我們的愛人做了我們不喜歡的事，我們就會感到封閉和受傷。這些只是內心會散發出的其他感覺。

如果你想繼續感受愛，必須學會如何處理那些會將心敞開和關閉的情緒。這就像學習演奏樂器。一開始，你不知道該怎麼做，你會犯錯並從經驗中學習。心是一種非常複雜的樂器，很少有人知道如何演奏。心敞開時，會試圖占有幫助它打開的東西；

如果心關閉了，會試圖保護自己免受導致它關閉的事所影響。由於你必須承受自己行爲的後果，因此你若能了解心爲什麼會敞開和關閉，以及注意到這個情況的人是誰，可能就會改變你的人生。

你確實注意到自己的心敞開和關閉，對吧？不管是否學過瑜伽，或者是否在生活中靜心過，每個人都知道心可以敞開和關閉。當心敞開時，你會體驗到比其他時候更振奮的狀態；當心關閉時，生活則非常艱難和痛苦。不幸的是，大多數人根本不知道發生這種情況時是怎麼一回事。如果現在被告知要敞開心扉，他們不知道該怎麼做。他們知道如何握緊拳頭、眨眼，甚至產生念頭，但不知道如何刻意敞開心扉。一般來說，心會自行敞開和關閉，人們只需要承受後果。

最好小心你的心。當心敞開時，你可能會過於投入到最初的能量衝擊中，以至於被沖昏了頭。眾所周知，人們會說：「我太開心了，如此沉浸在愛裡。我不在乎住在哪裡，只要能和對方在一起，我願意住在外面的帳篷裡。」讓我們看看能持續多久。當心關閉時，就會變成：「我再也不想見到他。我不在乎他說什麼，甚至不想和他說話。我不敢相信他做出這種事。」如果你在聆聽封閉的心表達自己時迷失了方向，可能不會想知道結果會是如何。

你的心是實體，就像裝置，是種發出能量振動的裝置。像電器一樣，心需要健康的電源。當心關閉時，你感受不到正向的能量或建設性的目標。那裡面可能會變得非常難受和不舒服，有時感覺就像胸中有塊石頭。你絕對不希望這樣，所以爲了避免這種體驗，你的頭腦開始編造可以做些什麼的故事：「我要離開他。他會因此感到後悔。」可以老實說嗎？這些想法的產生，只是在精神中發生的一個過程。當心關閉時，能量流不強，會導致負面想法。想要提升需要能量。當心關閉一段時間後，人甚至會陷入深度憂鬱。心敞開時就不會發生這種狀況。請注意，無論心處於何種狀態，感覺好像會一直持續下去。然而，你已經在生命的不同階段看到，如果有機會，心確實會改變。人們在心受到堵塞時迷失了方向，以至於毀了自己的生活。心關閉時，頭腦所說的話不能代表你，那只是頭腦在表達心關閉的狀態。你是那個注意到這一切的人。

如果心處於興奮、開放的狀態會如何？同樣危險，因爲你認爲這不會改變。一般來說，會發生某件事，抑制湧入你內心的熱情。如果心打開有其原因，那麼關閉也會有。世界不斷變化，你的想法不斷變化，一切都在不斷變化。因此，如果能指出你的心敞開的原因，請小心，有可能會改變；如果能指出心封閉的原因，別擔心，也有可能會改變。如果接受改變，心會因為不同情況導致敞開和關閉，而經歷波動。如果不明白這一點，你就只是對心做出反應。眞正偉大的人才能眞正了解心，這是因爲他們多年來一直在客觀地觀察心的行爲，而不是追逐心之所欲或逃避其所不欲。

靈性成長有個非常重要的層面，是了解心敞開和關閉的動力。爲了充分探索心爲什麼會敞開和關閉，必須先將討論帶到更深的層次。之前提過，你在內在體驗到三樣事物：進來的世界、頭腦中的想法和心的情緒。事實是，你在裡面經歷了第四件事。它一直都在裡面，但大多數人在前三件事物中迷失了方向，並未聚焦於第四個意識客體。然而，你的內在有股非常強大的能量流，在不同的文化有著不同的名稱，例如夏克提、氣或聖靈。爲了方便討論，接下來將統一使用傳統的瑜伽術語**「夏克提」**。

一旦足夠安靜，你就會意識到這股能量在體內不斷流動。當能量層次突然改變時，你有時甚至會提及，像是說：「當她告訴我她愛我時，我充滿了能量，感覺像飄在雲端上。我有好幾天都感覺到能量在我體內不斷穿梭。」若是相反的情況，你會說：「當她告訴我一切都結束時，我幾乎沒有力氣開車回家。這讓我筋疲力盡，以至於一整個星期都沒辦法去上班。」這些陳述指的就是我們正在討論的能量的表面層次。超越個人自我時，將體驗到位於核心的更深層流動。正是這種更深層的能量流穿過敞開的心，讓你體驗到愛的感覺。因爲能量只能達到你允許的程度，所以這種美好的愛的體驗對大多數人來說並不經常發生。儘管如此，幾乎總有一些能量流經你的心，創造正常的情緒狀態。

流經心的能量波動之所以如此大，是因爲你儲存在裡面的業行。你在內在推開了不喜歡的經歷，並執著於那些喜歡的。這些未完成的能量模式眞實存在，會阻礙內在能量流動。當能量試圖向上流動時，雖然總是努力想抵達，但會因爲這些堵塞而未能成功。夏克提流動的能量比業行的能量要隱微得多，夏克提無法更往上一步。

在我們進一步深入研究夏克提的流動之前，先來看看當一個堵塞被生活經歷擊中或啓動時會變得如何。你可能從未想過，但非常清楚會發生什麼事。當任何特定的堵塞被擊中時，被扣留在堵塞中的能量就會受到激發，你開始感受到情緒，並產生與過去經驗有關的想法。儲存在裡面的未完成能量模式支配你的內在狀態，讓你完全迷失其中。在這種狀態下，你無法控制自己的想法或情緒，也不負責心的敞開或關閉。受到激發的業行已經接管了你的生活，如果不留心，它還會藉由你在那個不清明的狀態下做出的選擇，決定你的未來。

下面的例子說明，當業行被擊中時，頭腦會發出什麼樣的聲音：「我不敢相信他這麼說。我父親過去常常對我說這樣的話，我很討厭。這就是爲什麼我這麼年輕就離家。我絕對不可能再經歷一次。我不需要和讓我想起父親的人有瓜葛。」儘管這聽起來合乎邏輯，但事實並非如此。與你交往的這個人不是你父親，如果你與父親的關係沒有留下那些業行，你也許更能好好處理當前的關係。坦白說，對方說出口的話並不讓你感到惱怒，而是因爲擊中了業行，被激發的業行惹火了你。無論如何，爲了保護自己免受煩擾，你關閉了自己的心。**你的業行是導致你的心敞開和關閉的原因**。

23 能量流之舞

能量流和你的堵塞之間有著非常重要的相互作用。能量試圖上升，但是因為你儲存了這些過去未完成的模式，所以未能成功。正是這些過去的印象決定了你在生活中的偏好。如果有人激發了過去的負面印象，你就不會喜歡他們；如果他們激發了你正向的過往印象，那可能變成一見鍾情。以這種方式生活非常危險，因為掌控生命的不是你，而是你過去的印象。

如果你探索自我，就會有機會完全了解你的心。當你釋放足夠多的堵塞能量模式時，會開始體驗到許多的能量在裡面流動，你會親身理解《聖經》所說的「……從他腹中要流出活水的江河來」（〈約翰福音〉第七章第三十八節）。內在將有持續不斷向上流動的能量流過你的整個系統。當你真正敞開時，會從你的心臟、眉心、手掌等各種能量中心流出。你將成爲光的存有，能量的存有。那是當能量不受種種個人堵塞的阻礙，能夠自由流動時所發生的情形。我們將在之後的章節討論這個問題，現在先提到是爲了讓你理解，爲什麼心在某些情況下會敞開和關閉。如今，原因應該很明顯了——心的狀態取決於在任何特定時間被激發的業行。

每當你將障礙推入任何能量流，都會在能量流中產生騷動，而你將這些騷動體驗爲情緒。假設你非常開放，並且感覺到一股乾淨的愛流過你的心，然後你的愛人說了一些讓你不悅的話，你加以抗拒。你的心將不再感受到愛；相反地，心會感到憤怒、恐懼或嫉妒。你將堵塞推入心的能量流造成的直接結果，就是這些令人不安的能量模式。這些情緒全都是相同的能量，根據被擊中的堵塞的性質，而有不同的表現。有趣的是，我們選擇爲這些騷動命名。看看我們爲不同情緒取的所有名字。

到目前爲止我們提過，能量流一次只擊中一個堵塞。堵塞越多，騷動就變得越複雜。最終，這些騷動將開始相互碰撞，產生非常複雜的能量模式。這就是待在你裡面的感覺，也是爲什麼情緒如此強大且往往很複雜的原因。你可以對某事物產生愛恨關係，因爲你的內在模式可以在不同的時間產生不同的能量流。在任何既定時間最受到激發的業行，將決定什麼對你的能量流影響最大。我們是非常難以預測的生物，而這就是原因。

不幸的是，事情可能會變得更糟。在某個時刻，足夠多的業行被塞進你的心，讓你變得完全堵塞、疲倦、毫無激情。你自然提升的能量流不再支持你。就是這些業行的力量，完全掌控了我們的生活。

請記住，能量總是試圖流動，無法流動的唯一原因就是堵塞。就像在一條被堵住的河流中一樣，水流會試圖找到繞過堵塞的方法。某些能量能夠在一定程度上繞過堵塞，你會感覺到一些力量。但這種能量流取決於它繼續以這種方式流動的能力，如果發生什麼事激發另一個儲存的堵塞，能量流就會隨之受到影響。這就是爲什麼人會有如此多的情緒，以及爲什麼不能相信人行爲的穩定性。當能量流設法在儲存於裡面的所有事物周圍找到一條狹窄的通道時，我們對於世界必須是什麼樣子，以支持這種流動所抱持的心態，就會變得非常狹隘。我們的個性有著特定好惡，這正是能量設法找到的途徑所表現出來的樣子。我們感受愛、喜悅和激勵的能力，取決於有多少能量穿過這些堵塞。

現在你明白為什麼你的心如此敏感。你的心會敞開或關閉，取決於能量繞過儲存的堵塞的能力。請注意這一點，否則，你會任由心的敞開與關閉來支配生活。如果你正在與某人交談，而對方開始討論讓你感受到堵塞的主題，你的心可能會開始關閉。如果你的反應是走開，並在未來避開那個人，那就代表這些堵塞正在影響你的生活。同樣地，如果有人開始和你談論讓你敞開心扉的話題，突然之間，他們就是你最好的夥伴，你想有更多機會和他們相處。

任由心如此敞開和關閉來支配生活，當然稱不上靈性。你不認眞對待自己，卻認眞對待你的堵塞。這就是你的精神。**你的精神是內在所有堵塞以及能量如何設法通過交織而成的結果**。隨著能量流的波動導致心發生變化，想法也會改變。這實際上非常可悲，因為你最終會迷失在裡面。那些儲存的堵塞將掌管你的生活，你根本沒辦法好好過日子，無法達成任何有意義的目標，只是一直繞圈子。這樣的生活沒有眞正的目標、意圖或方向，只是在盡可能減少痛苦，時而獲得快感。這些業行來自過去，是過去發生在你身上而你無法處理的事，如今正在決定你的現在，一不小心，也將決定你的未來。

這件事再重要不過。這些儲存的模式將決定你去哪裡、激勵你前進的是什麼、你和誰結婚，以及是否離婚。不是你在決定自己的人生道路，而是業行。除非你非常專注於見證意識，否則將跟著自己的想法與情緒走，這些又由你的業行決定。你肯定發生過這種情況。你該做的就是讓流經心的能量模式發生轉變，一切也會跟著改變，然後在尚未察覺之前，你就已經準備離開配偶或工作。這些儲存的模式代表了你存在狀態的最低部分，是你不夠成熟或不夠進化的結果，無法應對生命中經過的事件。這些模式困在你裡面，現在正在左右你的能量流和對生命的所有感知。

了解這些堵塞的影響，有助於解釋為什麼做出個人決定如此困難。你想要知道的是，不同的選擇會帶來什麼樣的感覺。「是和這個人結婚，還是先拚事業？」你正在運用這些想法來了解，不同的選擇將如何移動能量流來通過堵塞。問題是，你在裡面儲存了太多相互衝突的堵塞，以至於不清楚該怎麼做。你向內在的混亂諮詢，還期待得到明確的回應，你當然會搞不清楚狀況。一直以來，你都注意到這些想法與情緒在內心不斷變化，問題的關鍵不在於如何處理，而是：誰在注意這一切？同一個意識覺知到內在正在進行的這整個過程。那裡面可能有很多業行，卻沒有多少的你在裡面。

只有一種意識注視著所有這些相互競爭的模式，並認同它們。

當你成為整合的觀看者，也就是看著所有不同事物在裡面經過的見證者，你就處於中心了。你擁有清明和自由。但是當你不坐在見證者的位置上，而你的存在感在所有這些不同的內在模式中分裂時，事情就會變得非常混亂。彷彿能量通過你的業行領域時走的每一條路徑，都會產生稍微不同的個性。你在這個朋友周圍成了某一個人，在另一個朋友周圍又成了另一個人。當你和不同的人在一起時，甚至可以進行完全不同的內在對話。看看你去童年時的家或高中同學聚會時會是什麼情況。周圍的環境激發了過去的業行，你開始像以前在那個環境中那樣思考和感受。令人驚訝的是，在這些情況下，你對這些不同版本的自己感到完全自在。

在這種狀態的人努力尋找自己。他們覺得必須選擇這些個性中的某一個，才是真正的他們。答案很明確：他們都不是你。請不要選擇其中一個，並任其決定你的人生。沒有一個想法比其他想法更是你。你是那個正在體驗這些想法的人，那些不斷變化的能量模式與你無關。

當內在所有騷動持續時，你當然難以知道該怎麼做。唯一恆久的解決方案是了解到，留意到這一切的都是相同的你。你是那個覺知到你的想法與情緒正在發生變化的人。這種情況隨時發生在我們身上。放鬆下來，成爲留意到這一切的人，成爲看見這許多的那個，這就是通往自我了悟的道路。

24 心情與情緒的成因

當核心能量流遇到堵塞時，就會產生情緒。要理解這一點，可以想像一下走到一條沒有障礙物的溪流前。河床內沒有岩石或其他障礙物，在這些條件下，溪流中的水將以非常均勻、不受擾亂的方式流動，不會有漩渦、水流或交叉流。這股清澈的水流就類似你的核心能量流，即夏克提。這兩種流動完全純淨，並且在自然狀態下會不斷流動。如果將一塊石頭放入純淨的溪流中會如何呢？突然間出現了明顯的擾動，在水流撞擊石頭的地方有漩渦、分流和水花。一塊石頭就擾亂了流動力。如果將堵塞物放進夏克提的流動中，也會發生同樣的事情。這些阻塞，也就是業行，對夏克提的流動造成障礙，並因此擾亂了流動。這些內在的漣漪、水花和漩渦，連同儲存在業行中的不安能量的釋放，就是我們所說的情緒。**情緒是由夏克提擊中你心中的堵塞所引起，**

而表現出情緒是為了釋放堵塞的能量。這會對正常的流動產生足夠的干擾，以至於注意力會受到這些被擾亂的能量所吸引。情緒是堵塞能量的釋放，包括正面或負面的情緒。

請記住，業行被儲存在裡面是因爲你無法處理發生的經歷。這些堵塞可能已經存在好幾年，甚至幾十年，當有什麼東西擊中它們時，就會受到激發，並開始釋放被壓抑的能量。根據定義，由此釋出的情緒和想法對你來說十分關乎個人，畢竟你是一開始就將堵塞扣留在裡面的人。你走進廚房，聞到一股氣味，整個人的狀態都發生變化，因爲聞起來像你母親以前做飯的味道。只是一種氣味，卻在突然之間，讓強大的變化降臨在你身上。你的心會變得更柔軟或更堅硬，取決於你與母親的互動方式。大多數時候，你不知道發生什麼事，只是接受情緒的轉變，並採取相應的行動。

你現在可以了解心情從何而來。達到清明的狀態時，就不會有心情，只會在白天和黑夜接受潔淨能量流的餵養。在後面的章節中，將討論什麼是變得清澈、乾淨、生活在總是精神奕奕的狀態中。在達到那種狀態之前，當能量因這些儲存的模式而發生變化時，會湧現一種又一種心情。

從瑜伽的角度來看，這就是生活中每天發生的事。能量流出現，當它接近心時，可能會發生三種情況。首先，如果能量在試圖進入心時被業行完全阻擋，你將感覺不到你的心。很多人對自己的心沒有太多感覺，他們太過習慣於把注意力放在自己的頭腦，以至於不會注意到心的變化，直到這些變化強烈到無法忽視。情緒很混亂，而且過於敏感，所以人們會加以壓抑。他們想要分析，而不是情緒化。沒有人告訴這些人，如果他們轉而費心去做必要的工作，去清理自己的心，進入頭腦的能量流就會增加，進而帶來更多靈感、創造力，和更直覺的傑出表現。

當能量進入心時，會發生第二種情況：它會進入，並開始擊中儲存在裡面的堵塞。這往往會讓你喜怒無常，對周圍發生的事更敏感。然而，事情偶爾會變得井然有序，你的心也會平靜下來。不知何故，出現在你面前的人的樣子、說話的方式，或其他跟他們有關的事物，會恰到好處地激發和重新整理你的業行。「她的頭髮看起來像我姊姊的頭髮，我和姊姊真的很合得來。看看那眼鏡，它就像我最喜歡的女演員在我最喜歡的電影中戴的一樣。這絕對是我喜歡的人。」接下來你會大聲說：「人們對我說了關於你的好話，所以我真的很高興能見到你。現在見到你，一切都超過我的期待。」於是一見鍾情。話語是對的，頭髮是對的，眼鏡是對的，一切都在讓你敞開。你不需要做任何事情，一切都自然發生。透過感官進入的刺激正在重新整理業行，恰到好處地為能量的出現創造開口。當能量進入心時，就有機會流出，並與導致心敞開的東西連結起來。

現在我們談論的是非常私人和敏感的話題。你有沒有感覺到能量開始從你的心流淌而出？你有沒有感覺到你的心與另一個人相連？彷彿有一股能量流將兩顆心緊緊相繫。當那股美好的、連結的流動發生時，相愛的人可以就只是坐在一起，不必交談，彷彿這個世界上沒有什麼比那種能量從心底湧出並與某人連結的感覺更加美妙。從瑜伽的角度來看，你所體驗的是從能量系統的第四個能量中心——**心輪**——傾瀉而出的夏克提。雖然這個心的中心真的很美好，但實際上並沒有那麼高階，因為一共有七個這樣的脈輪控制著內在能量流動。瑜伽士明白，如果所有的能量都通過心這個能量中心出去，就沒有力量到達更高的中心。

脈輪就像一個T形管接頭（請見示意圖）。

底部有一個能量入口，可能敞開，也可能堵塞。如果堵塞，就沒有能量進入那個中心；如果敞開，那麼能量將進入中心，並試圖直接流過。然而，如果上方的通道堵塞，能量將水平流出，並與其他激發敞開體驗的事物連結。身爲人類，我們眞的很喜歡那種能量從心流出的體驗。事實上，我們不稱之爲喜歡，我們稱之爲愛。那種體驗就是人類的愛，別擔心，靈性無意從你身上奪走愛。這樣的體驗很美，只是要你知道，愛有更高的表達境界。

這帶我們來到當能量上升到心時，可能發生的第三種情況：它可以一路流通。在旅程的這一刻，你所要了解的是，如果能量通過第四中心，就會有遠高於人類愛的能量體驗。這並不代表你不會體驗到與人事物的連結，

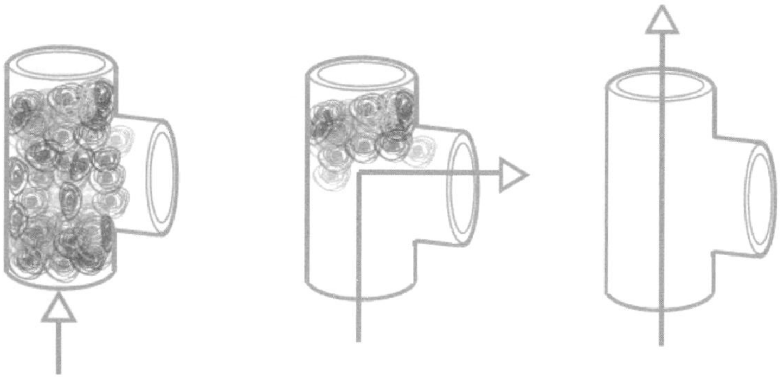

你實際上是在更深的層次建立連結。那些說人際連結的經歷代表了生命意義的人，沒有經歷過更高的能量中心，就像在說食物是生命的意義，或親密關係是生命的意義一樣。是的，這些都是美好的經歷，但都是有條件的，會來來去去。生命的意義遠不止於此。

你有能力體驗更高的能量中心，你越深入這些中心，整個生命就會變得越美麗。但是如果你不能和心這個能量中心一起工作，就永遠不會知道竟然有更高的中心存在。而要開始與心一起工作，首先必須能夠客觀地觀察心的敞開和關閉。你會發現，儲存下來的過往模式受到外在情況激發，導致心敞開或關閉。

以之前提到的一見鍾情爲例。如果你在三天前心情不好的時候遇到了同一個人，你的心可能還沒有敞開；如果你沒有看過她讓你想到的女演員所演的電影，她可能不會恰到好處地觸動你。最重要的是，你的內在儲存了堵塞，將決定你在任何特定情況下的開放程度。只要一句話說對了，心就會敞開；同樣地，只要一句話說錯了，心就會關閉。我們都有不同的業行，也一直在承擔新的業行。這就是爲什麼會說「甲之蜜糖，乙之砒霜」，這也是爲什麼同一個人在不同時間，心的表現也會不同。很難相信心情、吸引力和厭惡如此依賴過去的經歷，但這是眞的。在正常狀態下，我們不會關注正在發生的事情，我們只是任由其擺布。

25 心的祕密

我們現在準備好深入了解心的祕密。從之前的探索中，你認識到能量可以流出一段時間，並產生愛的感覺。你也明白，由於心的打開取決於堵塞的狀態，能量流本身是有條件的，通常不會持久。然而，你隨時都可能體驗到偉大的愛，需要的只是願意努力消除容易讓心關閉的原因。舉例來說，想像一個對你意義重大的人去世了，而因爲一些重要的工作，你的配偶不能和你一起參加葬禮。你可能對此深感怨恨——事實上，如果你沒留意，餘生可能都會因此感到怨恨。如果不認眞對待這些堵塞，就等於在玩火，你可能會因此打下了最終會削弱，甚至是破壞你與另一半關係的基礎。儲存業行不是遊戲，這會產生嚴重的後果，必須嚴肅看待。如果想讓愛恆久持續，就要學會善加處理這些情況。你最好要記住這個心的祕密。

關於透過心向外流動的能量，另一件非常重要且需要理解的事是，流動的能量確實會與另一個人建立連結。這種連結真實存在，當你們之間的能量交換時，就會變得彼此依戀。並非在身體上對彼此依戀，而是仰賴在你們的心之間流動的能量，而這種能量會讓你們精力充沛。

讓我們詳加說明。儲存下來的過往模式阻礙了能量流動，你的心因此封閉。有人出現，而他的特質和特色恰到好處地打動了你，能量因此找到了路，繞過你的一個主要堵塞。堵塞並沒有消失，但一條通道已經打開，讓能量透過心流出。那個能量流向對方，對方的能量流向你。在另一個人的幫助下，你成功地體驗到最初的堵塞不存在的話會體驗到的事物。也許你之前認爲大家不喜歡你，而你也不是很有吸引力，突然某個人出現了，他總是仰慕你，並帶著強烈的愛望向你，讓你感覺如此舒適，以至於融化在其目光中。這很不可思議。你沒有感覺到以前一直感受到的那種古怪。

雖然這樣眞的很美好，但不幸的是，阻礙能量流動的業行仍然存在。能量找到了繞過它的方法，但只限於與這個人的能量交換還在運作。這就像在電路中放置跳線一樣。你繞過了業行，但現在你非常執著並依賴那個人。如果對方想要離開你，或者你只是想到會失去對方，便會再次感受到最初的業行火力全開，感受到曾經感受過的潛藏恐懼和古怪，甚至可能比以前更強烈。換句話說，你已經將你的能量流與其他人連結在一起，而如今你心的狀態取決於他們的行爲。當然，你在人生中已經多次注意到這種模式。這叫做人類的愛，非常美好，而幸運的是，有一種更高形式的愛，是無條件，且可以永遠持續下去的。

當你擺脫業行，而非找到方法繞過它們時，心最大的祕密就會顯露出來。如果你擺脫了限制能量流入和通過你的心的堵塞，就會一直感受到愛，內心充滿著愛。一旦達到那種狀態，即使只是在你的心前揮揮手，都會感受到一陣狂喜的愛湧入身體。體驗愛就是這麼容易。愛將成爲你存在的核心。現在，去分享吧，想盡一切辦法分享你感受到的美好的愛。你將能夠在沒有依戀或需要的情況下做到這一點，因爲你的愛不依賴任何人事物。你的內在完整無缺，我們稱之爲**自明光**。爲了達到這種偉大的狀態，必須在自己身上下工夫來釋放業行，而非不斷地試圖找到繞過它們的方法。

你現在更加了解心的內部運作。到目前爲止，我們聚焦於能量如何流過心的較低部分或如何受到阻擋。我們可以將心這個較低的部分稱爲**人心**，因爲根據它的敞開程度，能量流可以創造出所有範圍的人類情緒。能量被阻塞在心的較低部分，會被體驗爲嫉妒、不安全感或渴望的痛苦。就連憤怒也是強大的能量流擊中心裡的堵塞並射出的結果。另一方面，如果心足夠敞開，能量可以到達心輪的中間，並在裡面水平流出，那麼能量將被體驗爲人類的愛。表達出來看似不同情緒的能量，其實都是同一個，唯一的差異在於它如何受到堵塞。

當向上的能量流強到足以穿過心的中央而不會水平流出時，可以體驗到心的另一個層次。業行必須變得夠薄，而能量流必須足夠強大，以穿過心輪的中間部分。當這種情況發生時，能量會湧入心的較高部分，並產生純粹的愛、力量和整體幸福感的永久體驗。現在我們已經走出人心，進入了眞正的**靈心**。當夏克提流過第四脈輪的更高部分時，你將開始感受到所謂神的存在。這就是偉大的聖徒有過的經歷。在這一刻，你不再體驗自己是人類，而是一個能量存有。你會開始感覺到愛是宇宙中自然的力量。不再是對某人的愛，而只是愛的力量從內在餵養你。一旦你把心敞開到那個層次，內在會永遠美好，只要你選擇把覺知專注在愛上，而不是較低層次自我的剩餘部分。

我們現在知道敞開心意味著什麼。在每個層次上，指的都是不再封閉心。心的自然狀態是敞開的，就像溪流中的水，其自然狀態是自由流動。如果有什麼東西堵住了水流，不要浪費時間試圖讓水流過堵塞物，只要把堵塞物移開。流經心的夏克提也是如此。只要去除堵塞，愛就會成爲你的自然狀態。

清除堵塞是種靈性淨化。這就是生命的全部意義所在。當你消除堵塞時，能量將開始自由流動，愛將不再是你需要，或是你尋找的某樣東西。在這個階段，愛無關乎另一個人或你碰巧在做什麼工作，你會一直感受到愛和靈感，並發現你存在的自然狀態，是愛你所做的一切和你看到的每個人。實際上，你必須克制自己，以遏制對生命的熱情，因爲有如此強大的能量流從內部爲你提供能量。這就是基督說「人活著，不是單靠食物，乃是靠神口裡所出的一切話」（〈馬太福音〉第四章第四節）時所描述的狀態。你不再只靠著從外在進來的東西而活，你的能量毫不費力地從內部的源頭而來。

你的心是宇宙最美麗的事物。總有一天，如果你在自己身上下工夫，就會開始感謝你所得到的。你的心不僅可以用無條件的愛來餵養你，更是通往更高能量中心的門戶。

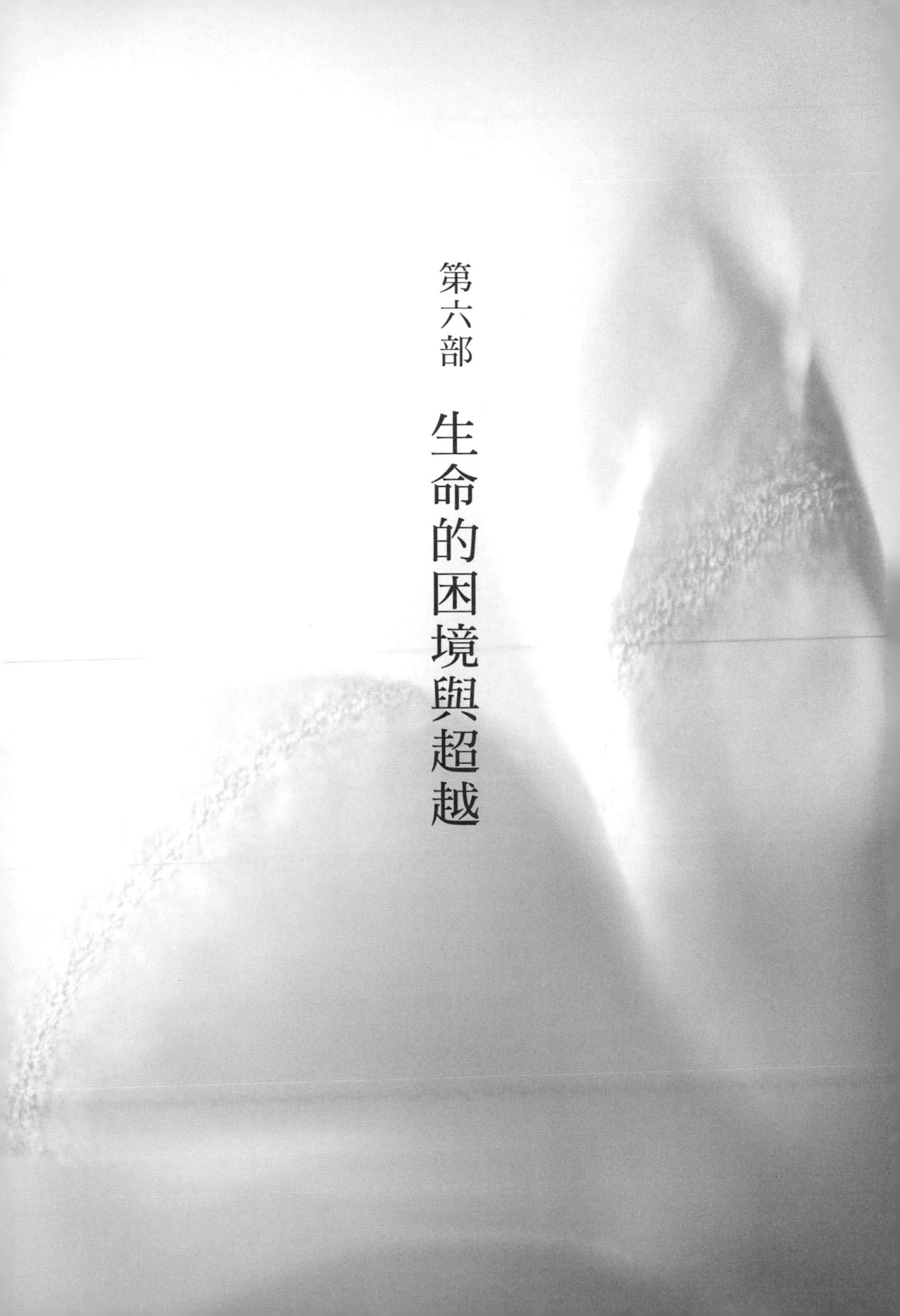

第六部 生命的困境與超越

26 生命的困境

關於生活品質，最有意義的問題不是你擁有什麼，或者做了什麼，而是你在你之內過得如何。大多數人都有類似的回應：「有些時刻很美好，我不會用任何事物來交換；但也有些時刻，我連一秒鐘都不想繼續。總的來說，我努力讓自己在裡面感覺良好。」這就是人類的困境。

這樣描述在裡面的感覺，對大多數人而言都是很誠實的。我們到目前爲止的討論已經奠定了基礎，幫助你理解情況爲何會如此。這一生，基於過去抗拒的經驗，我們在自己內在儲存了稱爲「業行」的模式，然後用來建構自我概念，包括喜歡和不喜歡什麼，以及如何讓世上的事件相應地展開。如果成功，那麼內在感覺通常很好；如果未能成功，則感覺不好。

重要的是去理解，每一個外在事件都是所有能量的表達，這些能量聚集在一起創造了那個事件。當事件的能量流進你時，必須穿過你的頭腦和心，最終融入你的意識。當你用意志阻止體驗通過，能量流必須找到方法繼續前進。能量不能靜止，它就是力量，遇到意志的阻力時，就會被迫原地打轉。這是能量可以留在一個地方的唯一方法。在宇宙中，圓圈是很強大的形式，允許某物保持移動但又停滯在原地。業行就是這樣形成的。這些儲存的過往模式一直試圖釋放，但你會有意或無意地持續把它們推回去。

到現在爲止，你可以看到這些業行如何掌管你的生活。首先，它們不斷地自行出現，光是如此就令人痛苦。爲避免這種情況，你必須投入許多時間去創造各種情境，讓你能夠舒適地待在你之內。你最終會依靠出色的分析頭腦來弄清楚如何才能過得好，而你的頭腦透過想像什麼對你有用來做到這一點。於是它開始編造事情，玩假想遊戲。當這些想像的念頭出現時，可以感覺到它們如何影響你的堵塞。你會嘗試了解世界必須是什麼樣子，對你才是最好的。「如果這個人是某種樣子呢？」「如果那個人沒有說他對我說的話，會如何呢？」「如果我換工作去當老闆，這樣人們就不得不聽我的，而不是我聽他們的，會怎麼樣呢？」個人心智中發生的一切，都是因爲你不是試圖配合儲存下來的那些讓你感覺更好的模式，就是避開讓你感覺更糟的模式。無論是哪種狀況，這兩種儲存下來的模式都在掌管你的生活。不要爲此感到難過，幾乎每個人都是這樣，而且一直如此。

你現在對我們稱之爲「困境」的東西有了更深的理解：**你在裡面，你在裡面不好，並且已經形成了「一切都得怎樣」才能讓你在裡面過得好的概念**。如果不小心，餘生你都會掙扎著要滿足這些需求。能夠完美說明這種負擔的例子，是十分常見的「擔心」。你爲什麼擔心？擔心的原因只有兩個：不是擔心得不到想要的，就是擔心得到不想要的。這驅使你在外在世界努力，以滿足需求。但不適的根源是過去儲存的模式。你認爲需要在外在做一些事，來安撫這些內在的模式。但這麼做並未擺脫儲存的模式，反而強化了對它們的支持。隨著時間的推移，它們會繼續煩擾你。

假設你因爲生活中並未出現特別的人而感到孤獨，這聽起來很正常，但事實上，在生活中擁有對你而言特別的人，是因爲你想要解決孤獨。但這麼做並不能解決問題。就像你因爲亂吃而胃痛，可能會想找胃藥來吃。如果有人問你爲什麼會胃痛，請不要說是因爲找不到胃藥。尋找胃藥是爲了解決胃痛，並非胃痛的原因。胃藥可能會讓你暫時好轉，但除非改變飲食習慣，否則胃痛仍會復發。你會發現，這個道理適用於你爲了補償不適而做的許多事。

我們終於醒悟並了解，彌補出問題的地方並不夠，必須解決讓我們感覺不好的根本原因。你內在有種狀態，總是充滿愛與幸福感。尤迦南達稱之爲**永保新鮮的喜悅**。你不會對這種喜悅感到厭倦，它還會不斷向上流動，讓你對美獲得新的體驗。這是針對你內在所有問題的解決方案：讓內在變得美好。與其認爲新工作可以解決問題，新關係可以解決問題，或者更多的錢和名聲可以解決問題，不如做必要的內在工作，讓內在變得美好。請注意，你的問題都是從「在這裡面的我不好」開始的。如果你很好，就不會擔心和抱怨，你會在裡面享受所擁有的體驗之美。

享受內在狀態並不意味著外在不會發生任何事。沒有人要你不與世界互動，你只是不爲了解決內在的問題而與世界互動。外在解決不了內在的堵塞。外在世界所能做的，只是暫時讓能量繞過堵塞物，或者不要太常擊中。這會有所緩解，但不會擺脫堵塞。

努力釋放內在的堵塞，而非與生活抗爭以獲得你想要的一切，看起來好像是從你身上拿走某樣東西。但是，如果從你身上拿走的東西正在造成痛苦，這麼做應該不成問題。如果你正在吃讓你生病的食物，同時有人想提供讓你健康的食物，你必須先停止吃讓你生病的食物。這不是放棄，而是簡單的智慧。從事這種內在工作並不代表你不結婚、不工作或不全心全意地做任何事。這些事你都可以做，但不是爲了解決內在問題。**如果你讓逃避內在問題來定義你在做的事，那麼你所做的就是在外在表達你內在的問題**。假設心理學家舉起一張羅夏克墨漬圖，而你對在其中看到的東西感到不安，解決方案是叫他們不要再拿著那張圖嗎？這樣很荒謬，也解決不了任何問題。然而，每個人都在試圖透過重新安排外在，來解決內在問題。

27 典範轉移

每個人都想改善自己的生活經歷。人們總是在尋找更多的喜悅、愛、靈感和意義，問題是，如何實現？讓我們做個實驗。想像一下，一股強大的力量要求你寫下一些必須發生的事，以使你充分享受生活。如果你和大多數人一樣，會寫下諸如新房子、特別的關係、高薪工作，也許還有一年假期造訪世界上你最喜歡的地方。完成後，你會非常興奮地提交該清單，並實現願望。可惜，你必須稍待片刻，因爲我們將更深入地進行此實驗。

如果更仔細地檢查清單，會發現其實這些並非你眞正想要的。假設你寫下想和所愛的人結婚，想在夏威夷茂伊島舉行婚禮，極樂鳥圍繞著禮堂。婚禮結束後，你想住在一棟美麗又不用付房貸的房子裡，可以俯瞰大海，車道上有兩輛豪華轎車。這是你從小就有的夢想。問題是，那不是你眞正想要的，是你的頭腦在欺騙你。假設你有婚禮、房子和汽車，就像你想要的那樣，但你的新配偶竟然是個混蛋。你受到了可怕的對待，而且從剛結婚就很明顯，這將是人類史上最糟糕的婚姻。最重要的是，你是天主教徒，所以不能離婚。那你還想要那場婚禮嗎？不太可能。所以，這不是你眞正想要的婚姻。你想要的是你認爲婚姻會帶來的美好體驗。那你爲什麼不要求那個？

同樣的情況也發生在新工作、銀行裡的百萬美元以及別人的敬重。很好，你可以擁有一切，但是，如果這些帶來許多的壓力和擔心，讓你很痛苦怎麼辦？你希望能回到原來的工作。你並不眞正想要這份工作、金錢或接納，你想要的是你認爲這些地位能給你的，也就是快樂、喜悅和完全安康的感覺。一種你所體驗過最高等級且持續存在的愛、美和靈感的內在狀態怎麼樣？你爲什麼不要求這個？

你所做的是讓過去最強烈的經歷，來定義你認爲會讓你感到快樂的事。但這樣你是找不到快樂的。很多人的夢想清單上也有你寫下的事物，但他們並不總是開心。你經歷過的事不可能讓你在任何時候都完全滿足，你總是需要更多。你一生都在說：「如果我得償所願，我會很好；如果我可以避開不想要的，我會很好。」你終其一生都握著一份清單，什麼時候才會意識到這麼做行不通？如果你一生中的每分鐘都在做某件事，而你現在還在做，顯然那麼做行不通。爲什麼不直接追根究柢地說：「我想要的是感受愛和喜悅。我想要的是每時每刻都能感受到前所未有的幸福感，並從所做的每件事中獲得靈感。」現在我們有了清單，讓我們以此爲準。

這個實驗的有趣結果帶領我們遠離世俗，進入靈性的本質。這並非否定世俗，只是世俗會讓你認爲答案就在這個世界上。你認爲答案就在面前正在發生的事情中。爲了你認爲想要的事物而入世並沒有錯，只是這麼做根本行不通。你正試圖從外在找到與你「當天的業行」一致的東西，一旦你得到想要的，或者避免不想要的，那將不再是你的主要願望或最大的恐懼。一旦那個問題解決，總會有下一個問題浮出水面。

你最終醒悟，了解到你想要感受愛。並不是說你想愛一個人或讓某人愛你，你只是想一直感受愛。如果你的愛不依賴任何人事物，就可以永遠持續下去。我們稱之爲**無條件的愛**。偉大的瑜伽大師梅赫．巴巴教我們，愛必須自發地從內在湧現，不能受到強迫，也不能依賴任何東西。這就是純粹的愛。反之，你會遇到當下的情況恰好與儲存的模式一致，可惜這無法持久，因爲你在裡面儲存了很多業行。此外，如果你處於一段關係中，對方有很多自己的模式，與你的完全不同，你們倆的關係就會因此變得複雜。不僅每個人的過往業行不同，而且每天都有不同的經歷可以添加到庫存中。如果你的伴侶在工作中受了氣，那麼他們回家時的狀態就會和得到良好對待時不同。當然，你也有你的日常經歷。如果你的愛的感覺取決於伴侶回家時的行爲，那麼你就有麻煩了，而他們也一樣。你處理自己的業行就已經夠困難了，現在還必須處理別人的問題。

不要害怕，這並不意味著你擁有的關係沒有意義。美好的關係存在著，可以永遠持續下去。事實上，這樣的關係可以越來越美好。但它們不是業行關係，不是基於與內在模式一致的外在世界，而是基於無條件的愛。一旦愛能夠總是在你之內自由流動，你會很高興地與另一個人分享。這種愛不是基於需要或期望，而是基於希望無條件地表達自己純粹的愛。

你如何達到這種無條件的愛與幸福的狀態？與其試圖讓世界符合你的堵塞，不如努力釋放堵塞。這就是眞正靈性成長的祕訣，這才是眞正的典範轉移。如果沒有業行，沒有什麼能阻擋內在的能量流動。你會一直感受到愛、喜悅和靈感。如果你願意體驗在眼前展開的這一刻，將有機會被萬事萬物啓發。事物存在的簡單事實就足以打動你。

你只有兩個選擇：**不是一生致力於讓這個世界符合你的業行，就是一生致力於釋放業行**。如果選擇後者，你不會同時過著屬世生活和屬靈生活，最終只會擁有一種生活。工作、靜心、倒垃圾、掃地、開車、洗澡，統統一樣。所有的活動中都會發生同樣的情況，那就是釋放堵塞。釋放正在進行中的堵塞同樣有益，像是開車帶孩子去踢足球、買雜貨或做任何正在做的事情時。在生命中的每一刻，你不是自然地享受現狀，就是釋放阻礙你享受現狀的事物。如果能放下限制你生命的欲望和恐懼，你會一直感覺很好的。放開自己，而非爲自己服務，才是眞正的典範轉移。

28 與心和平相處

我們在地球上清醒的每一刻都在與生命互動。如果致力於在靈性上成長，必須學會利用這種互動來清除堵塞。如此將不可避免地帶領我們回到內在囤積堵塞的心。正如之前所討論的，根據累積的業行，心會體驗無數不同的情緒和感受。無法處理這些廣泛的情緒，讓你陷入了生命的困境，必須控制生活以求順利。如果想掙脫處處受限的生活，必須學會清理你的心。

心的淨化始於感激你擁有心。你的心就像管弦樂隊。你看過沒有配樂的電影嗎？可說是毫無生氣，枯燥無味。生活中有事發生時，心中的管弦樂隊就會開始演奏，以總體上適合眼前事件的高音或低音來豐富生活。你的心不是個障礙或懲罰，而是美好的禮物。難道你寧願沒有心、過著沒有感覺的生活？

人的頭腦相當非凡，可以讓你超越感官的極限；而人的心更非凡，可以演奏從頻譜的一端到另一端的音符。你的心可以在幾秒鐘內，從無比狂喜變成深沉的痛苦和悲傷。心可以將你提升到新的高度，感覺就像天使的翅膀帶著你到天堂，也可以將你帶到最黑暗的時刻。你不需要做任何努力，心就有能力達成這一切。你的內在攜帶著如此神奇的樂器，問題是你無法接受心所能達到的全部範圍，你想控制心，讓它只演奏你能應對的音符。

靈性就是要學習感謝心在你裡面創造的美好表現。不幸的是，你會發現你擁有的情緒不只有感謝，你的心能夠產生一些你不願意體驗的振動。你彷彿還沒有進化到足以應對你的完整內心，所以加以抗拒。就像世界不如己願時，你會加以抗拒，當你對心的表達不滿意時，也會加以抗拒。

隨著在靈性上擴展與成長，你在外界的舒適圈範圍會越來越廣，讓你能夠處理更多在眼前經過的時刻。你的心也是如此。隨著在靈性上成長，透過尊重日常經驗，你將學會對心變得更加自在。當你還是孩子時，當你第一次經歷恐懼或嫉妒時，可能會不知所措，難以保持鎮定。隨著時間推移，你變得更加習慣這些情緒，並且至少試圖應對處理。也許一開始你能做的最好的事，就是控制自己的情緒，裝出一副沒事的樣子。雖然這不一定很健康，但總比完全迷失，讓情緒戰勝你要來得好。如果你讓放縱的情緒表現於外在，它就有能力改變你的生活，而且通常不會變得更好。

漸漸地，當你學會接受情緒是生活的現實時，如果你允許，它們就會來了又走。這是靈性上的進化。正如身體透過千百年來具有挑戰性的外在體驗而進化，靈魂也透過內在體驗的磨練而進化。偉大的人不是沒有情緒，而是會平靜地應對情緒，能夠處理自己的心經歷的各種變化。如果你認識的人去世，自然會有失落感。如果你關心這個人，會感受到一定程度的悲傷。那是你的心對於正在發生的事和諧地表達自己。就像樂器演奏美妙的音樂一樣，你的心正在爲你譜寫一首悲傷的歌。問題是你對此不滿意。最終你會意識到情緒本身並不是問題，問題是你無法處理情緒。我們一次又一次地回到同樣的討論：你想把一生都用在控制世界，讓你的心永遠感受不到自己無法承受的情緒嗎？或者，你想全身心地投入讓你的心變得舒適的進化工作中？

正如我們在頭腦中發現的，如果你想用心來工作，請了解它爲什麼會如此。你或許已經注意到心可能敏感、易變且難以相處。心之所以會如此，是因爲你沒有處理它創造的自然情緒，並加以抗拒，以至於那些情緒將能量儲存在你之內。現在你有麻煩了。你推開思維模式已經夠糟糕，竟也推開了心的振動。這些阻塞的能量模式正在把你的心弄得一團糟。心失去了平衡，並在需要表達健康的情緒時不再敞開。舉例來說，有人做出讓你感覺恐懼的事。有時恐懼是對外在事件的正常、健康反應，但是你無法處理這種情緒，所以加以壓抑，以使其離開你的意識。後來，你聽說那個人發生了不好的事，不但沒有感到同情，反倒如釋重負。你的情緒不再與外在環境和諧一致，反而會釋放你過去經歷中被堵塞的能量。

靈性成長談的就是修復心，並將其恢復到安康狀態。現在你應該很清楚，問題並不在外在世界，而是你無法處理你的心對世界的完整表達。學會處理這些表達是解決之道，也是靈性成長的本質。你心中的失落、恐懼或憤怒的感覺只是自性正在體驗的意識客體，除非你抗拒，否則它們傷不了你。實際上，因爲你經歷過這一切，還會使你更富有。**如果你不抗拒，每次經歷都會讓你成為更偉大的人。**

接受心的表達。或許看來沒有人能對不舒服的情緒感到舒服，但事實是你已經有過這樣的經驗。以莎士比亞的戲劇《羅密歐與茱麗葉》爲例。作爲悲劇，它當然不有趣。假設有個莎士比亞劇團來到鎮上演出這齣劇，他們表現絕佳，讓你在哭泣時感受到前所未有的抒發。表演本身令人無比心碎。你會怎麼做？你會要所有的朋友去看這齣劇。你說：「我之後哭了三天，眞是太不可思議了，深深地觸動了我的心。我從未感受過如此純粹的悲傷。我想再看一遍，你們都跟我一起去吧。」如果在現實生活中發生了和《羅密歐與茱麗葉》非常類似的悲劇，你不會讚美情緒的深度，而是會終生傷痕累累。這就是接受心的表達而非抗拒的區別。

宇宙在你的內在放了完整的管弦樂隊，無須收費。這讓生活變得更加有趣和充滿活力。要學著透過不再抗拒來享受你的心。這麼做不是在情緒中迷失自己，而是願意透過與體驗美麗日落相同的方式來體驗情緒。你什麼也沒做，只是讓日落進來，只是讓意識去覺知面前的事物。有時是美麗的日落，有時是失落感。過程完全相同：意識正在體驗意識的客體。你不執著，也不壓抑，只是加以體驗。

如果你緊緊抓住這個客體，它就會停留；如果你壓抑它，它就會留下來。而如果它留下來，將扭曲現實。你不再對生活敞開心扉，而是對某些事抱持偏見或反對。這些業行是強大的能量，扭曲了你對生命的看法，而你不斷付出代價。當想法與情緒受到壓抑時，就會在裡面腐爛。它們會在不同的時間出現，爲人生帶來嚴重的問題。佛洛伊德這麼說過，幾千年前的《奧義書》也教過。學會與心和平相處，是從所有人都陷入的生命困境中解脫出來的重要一步。

29 不壓抑也不表達

儘管你確實不想壓抑情緒，但也不希望任由情緒支配你的生活。在壓抑和表達之間有一個神聖的地方，那就是純粹的體驗。在這種狀態下，你既不會在內在壓抑能量，也不會在外在表達出來，就只是願意體驗來自心和頭腦的能量。死亡的悲傷和出生的喜悅都湧上心頭，滋養著靈魂，觸動了你存在的核心。不是你觸動它們，而是它們觸動你。什麼也不必做，這一切就只是神給你的禮物。頭腦可以自由思考，心可以自由感受。這一切都讓你平靜，心存感激。生命本應如此。

然而，你無法處理某些想法與情緒。你加以抗拒，並且在儲存在裡面的事物周圍建立一個心理世界。在這種狀態下，只有得償所願，或者避免不想要的，你才能心存感激。最終你有所醒悟，並了解你有真正的工作要做。工作不在外在，而是內在。這項工作成爲你的靈性實踐。爲了得到眞正想要的，也就是生活中每一刻的喜悅、愛、熱情和激情，你需要讓這些儲存的模式離開。問題是，雖然你可能在理智上知道這一點，但在很短的時間內，你的頭腦就會反擊，因爲內在的道路不符合頭腦對於怎麼才算沒事的習慣模式。

頭腦目前擁有的唯一資料是基於過去的經驗，所以頭腦總是認爲自己正確。這也是人類困境的一部分。請理解，你的頭腦總是認爲自己是對的。頭腦並不愚蠢，它知道自己經歷了什麼，但並不知道沒有經歷什麼，而沒有經歷的是一個無限大的知識體。這就是爲什麼老子提醒「知者不言」。爲什麼呢？你有你的心態，他人有他人的心態。他們終其一生的資料說了一件事，而你完全不同的終身資料有不同的看法。對此你什麼也不能做，除了謙虛地了解，任何時刻你所接收的資料，都不到任何地方正在發生的資料的〇・〇〇〇〇一%。這個數字沒有意義，幾乎等於零。從本質上講，你有一大堆廣度爲零的體驗，加起來也等於零。個人心智如此自信，永遠不想看到眞相。

深刻的靈性教誨則願意接受這個眞相。這些教誨要求你看看面前的世界，並了解這一刻需要數十億年才能在你面前顯化。你要接受、尊重並臣服於此。首先要接受現實，而非抗拒。這與做或不做任何事情無關，而是與放棄最初的抗拒有關。你知道那裡有什麼，然後放下所有因儲存的業行而出現的事物。不可避免地，頭腦會開始談論喜歡和不喜歡。不要聽。你爲什麼要聽？那只是疊加在現實上的個人堵塞。

你現在可以理解自己正在接受和臣服的是現實。那裡還有什麼？現實就是眞相，至少目前如此。對比只是剩餘想法的過去心理印象，現實是眞實的。處理這些心理印象的方法是了解那是完全自然而然產生的。現實會進來，會擊中你的堵塞，而你的頭腦會加以談論。好吧，儘管如此，你還是不必聽。就這麼簡單。如果你知道你的頭腦不知道它在說什麼，爲什麼還要聽呢？正如我們所見，除了收集到的資料之外，個人心智什麼都不知道。與它每時每刻都錯過的全世界資料集相比，這些資料微不足道。頭腦中的資料就是我們所說的**不具統計顯著性**的數據。這就是爲什麼頭腦會如此頻繁地改變想法。讓它再次體驗，它就會以不同的方式看待事物。有趣的是，我們還是一直聽從頭腦。

智者不脫離世界，他們尊重擺在眼前的現實。同樣，智者不會放棄使用頭腦。他們只是不聽個人心智，因爲它迷失在自己的想法中。個人心智不會解決你的問題。它利用有限的資料盡其所能，但它的努力通常效果不彰。

關於心，智者允許心在內在自由地表達自己，但不會迷失其中。有人說「隨心所欲」，他們指的一定不是個人的心，因爲它在日常生活中無處不在。幸運的是，有更高的心可以追隨。一旦能量流過第四脈輪的中央，就會進入永遠不會改變的更深刻的心。美好的能量不斷向上流動，帶來強大的幸福浪潮，你幾乎無法向外集中注意力。它飄過你，你重新回到這超越所有理解的美麗平和之中。你擁有平靜是因爲得到了想要的，這可以理解。這種平靜影響了你，並且毫無原因、毫無條件地停留，這就是更高的心必須提供給你的。這是你的靈心的禮物。

要體驗你的靈心，必須學會超越個人的心。個人的心非常強大，也非常情緒化。穿過個人的心並不容易，但有可能。首先，看看心的表達是基於當前的現實，或是頭腦的想法。想到過去出了什麼問題，以及未來可能出什麼問題，就會產生與現實格格不入的情緒。這樣的情緒可能在心中造成的混亂沒有止境。由於心中積聚的能量必須有釋放的管道，這些情緒會溢出到外在生活中，造成相當大的干擾。

如果你的情緒與擺在眼前的現實協調一致，那麼它們通常是健康的，也對你的生活品質有幫助。當你的心和頭腦都與現實和諧一致時，能量不會向外釋放，因爲沒有什麼能阻擋它們。這些暢通能量的力量經過心的較低部分，然後可以被用來提升到心的更高部分。因爲你既不壓抑也不表達，更深層的靈性狀態開始呈現。你仍然可以爲外在發生的事情做出貢獻，但你的行爲本質上非關個人，只是與現實每時每刻的美好互動，服務於生命的流動。

想達到這種狀態，你需要清除阻礙能量流動的業行，也不要再往裡面放入任何業行。要做到這一點，必須學會處理你的心。這需要練習，就像你練習鋼琴、運動或其他任何事一樣。我們將在接下來的章節中深入探討這個過程。它需要的是態度的改變：你開始接受事情會發生，它們會擊中你的心，你的頭腦會產生想法來釋放積聚的能量。你承諾可以接受這個過程。這種接受的態度，與壓抑情緒和想法，或讓自己迷失其中非常不同。只要尊重心的所作所爲，並學會不加以干預，放輕鬆。情緒會變得像微風吹過你的臉，你什麼也不做，只是去體驗。

感謝你的心爲了推開你多年來收集的業行所做的努力。你的心會負責努力，你要做的就是讓淨化發生。一開始，在面對你一生都在逃避的事時，並不容易放鬆。但這麼做當然值得，因爲回報是愛、自由和持續不斷的靈感。畢竟，你已經經歷了這麼多的痛苦，收穫卻那麼少。

最重要的是，你是美麗的存有。你是充滿愛、光明和靈感的存有。你是按照神的形象造的。創造整個宇宙的神存在於你之內，但你沒有意識到這一點。你迷失了，認爲外在世界必須是某種樣子，你才能感覺良好。這是生命的困境，除非你學會從更深層的地方過生活，否則任何事情都不會發生有意義的改變。要擺脫這種困境，你必須做一些努力，而且努力的對象是自己。在這裡引用十三世紀偉大的波斯詩人魯米的話：「昨天的我很聰明，所以想要改變世界。今天的我有智慧，所以正在改變自己。」

第七部

學會放下

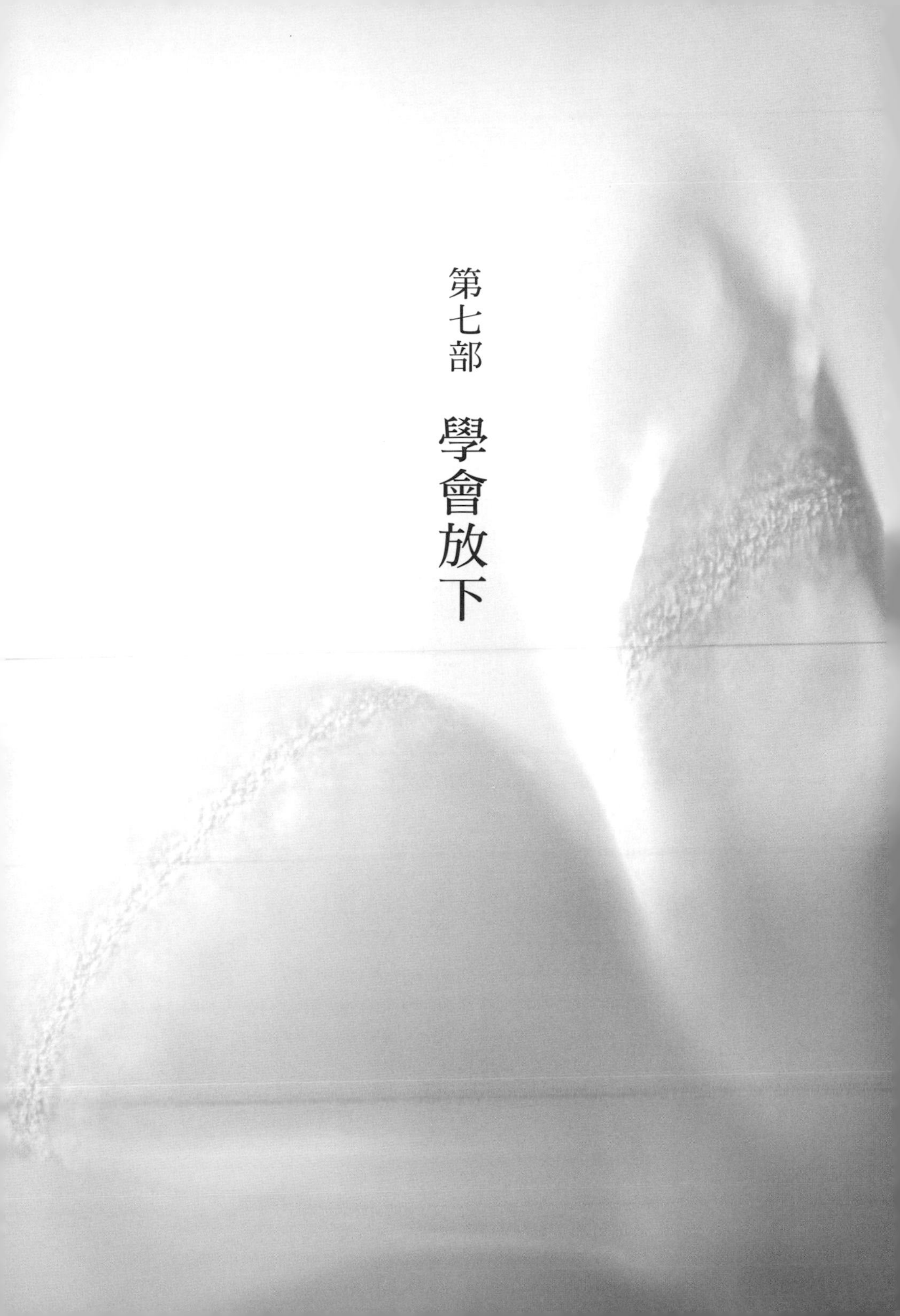

30 釋放自己的技巧

從邏輯上來看，將最煩擾你的經歷儲存在你裡面，可說是毫無意義。這麼做會建造出自己內在的恐怖屋，讓身處其中的你難以感到舒適。這是所有焦慮、緊張和心理障礙的根源。除非從根本處理，否則無法解決此問題。只要把十年或二十年前煩擾你的事物藏在心裡，你就會受苦。

一旦意圖利用生命中的每一刻來釋放自己，問題就會變成要如何做到。信不信由你，你想要得到自由的眞誠意圖比任何技巧都重要。你在裡面，如果能理解這些教誨，就會了解到你不希望裡面有堵塞。堵塞讓人生變得異常艱難，所以你決心予以釋放。傳統上，有一些強大的技巧可以在日常生活中釋放自己，我們將廣泛討論其中的三種。

第一種技巧稱爲**正向思考**。尤迦南達曾經教導，每當你有負面想法時，就用正面的想法來代替。這是非常基本且有用的技巧，可以帶來改變。它基於我們之前討論過的兩種想法：刻意創造的和自動產生的。如果你在開車時注意到頭腦讓你覺得很難受，這些就是自動產生的想法，不是刻意創造出來的。現在試著有目的地創造關於這種情況的正向思考。如果你前面的人開得比限速慢得多，你可能會在心裡說：「哇，多麼好的放鬆機會。我不能著急，因爲前面的人不會讓我。我想，現在應該做的是汁意呼吸，冷靜下來，學會享受這種體驗。」歡迎你在日常生活中這樣做。你不是在與自己的頭腦對抗，也不是在驅散負面的想法，你只是用刻意創造的想法代替自動產生的想法。**不對抗，只替換**。負面想法是否繼續留在背景中並不重要，聚焦於刻意創造的正向思考就好。隨著時間的推移，刻意創造的想法將取代自動產生的想法。這麼做非常健康，只須運用意志來抵消或中和業行的影響。當時間過去，這將培養出更正向的頭腦，創造出更好的生活環境。

下一個技巧非常傳統，被廣泛稱爲**咒語**。在最一般的意義上，「咒語」代表訓練頭腦一遍又一遍地重複一個簡單的單字或短語，直到刻在腦海裡。就像一首歌會刻在腦海裡一樣，一句咒語也會刻在腦海裡。我們都體驗過心智可以分層工作。你可能正在注意某人說話，但「心智背後」仍可能有其他想法。心智如此聰明，可以同時處理多項任務。它可以在多個層次上創造想法，你可以同時覺知到這些層次。而咒語爲你提供了一層始終存在的心智，是平衡、愉快、安全的休息場所。因爲咒語在背景中毫不費力地持續，你得以選擇要專注於哪一層心智。當習慣性的念頭從業行中升起時，你不必對抗，甚至替換掉，只須將意識轉移到咒語上。有了正向思考，你可以不斷用意志去中和負面的想法；有了咒語，你只須用意志，將意識焦點從業行產生的想法轉移到咒語上。

咒語是禮物，就像一個內建的假期。如果你做必要的工作，將咒語灌輸到一層心智中，這會改變你的生活。首先，咒語不必是傳統的梵語咒語，如**唵南嘛濕婆耶**（Om Namah Shivaya）或**唵嘛呢叭咪吽**（Om Mani Padme Hum），也可以是神的名字或詞，如耶穌、我的主或眞主。事實上，**「神，神，神」**就是非常強大的咒語。如果以上這些對你來說都太過「宗教」，你也可以在心中想一件好事：**「我一直很好，我一直很好，我一直很好。」**如果一整天都像這樣提醒自己，該有多好？

在腦海中灌輸咒語並不難，只須重複做。可以每天早上和晚上在靈性實踐的時間裡練習，即使只有十五分鐘，也很有效果。有個好技巧是將咒語與呼吸連結在一起，然後每當白天發生某些事件時就套用，例如可以在拿起電話之前和放下電話之後重複幾次咒語。這只需片刻，卻是你在成爲更有意識、更歸於中心的存有上的重大投資。每當上下車，以及進出家或辦公室時，都要這樣做。沒有人會注意到。片刻的停頓就能隨著時間的推移改變一切。在吃飯前唸咒語，如果你自己吃飯，可以一邊咀嚼食物，一邊在內心重複幾次。讓這變成像遊戲一樣，想想可以在日常生活中設置多少重複事件，來提醒自己練習咒語？可以善加利用智慧型手機，設置重複提醒來執行咒語。隨著時間過去，你會訓練頭腦在日常生活中始終讓咒語在背景裡運行。

即使你在自己身上做了這樣的努力，決定性的那一天也將不可避免地到來。發生了某件事，讓你的情緒或想法開始煩躁不安。你處於失去理智的邊緣，但咒語會引起你的注意，足以讓你選擇往下沉淪或往上提升。你立即將覺知從混亂轉移到咒語上，生命就會改變。咒語不會阻止你產生有建設性的想法，只會在裡面成爲安全網，如果你開始墜落，可以抓住你。當你有時間眞正回到咒語中休息，就會充滿平靜與幸福。

這就像脫離個人心智的假期。當你坐下的那一刻，當你重新回到咒語的懷抱中，緊張和壓力就會消失，倘若眞能如此，你會喜歡嗎？這一切都任你使用，不須收費，只要你願意投資在自己身上。請注意，透過咒語，你正在學習放棄個人心智對你的控制。

最後一種讓自己從自我中解脫出來的技巧，通常稱爲**見證意識**，包括了放鬆和釋放的強大練習。見證意識比其他技巧更深，因爲最終它不須與心智一起工作。正向思考包括創造正面想法來取代負面想法，咒語則涉及創造一層心智，爲超越較低層次提供和平穩定的環境，而見證意識就只是注意到你正在關注心智在做什麼。你不須與心智互動，也不須做任何事，只要注意到心智正在創造想法，而你覺知到那些想法。爲了做到這一點，你不能被正在創造的想法擾亂。如果這些想法煩擾了你，你將離開客觀觀察的位置，並試圖改變心智。要眞正實現見證意識，必須願意讓想法如其所是，並且單純地覺知你覺知到那些想法。

如果你想體驗眞正的見證意識，只要看看你面前。你看到那裡有什麼嗎？別思考，只要看。這就是見證意識，就**只是看**。你只是在見證那裡有什麼。現在，轉過頭來環顧四周，練習「只是看」會立刻發生什麼情況。請注意，你的想法通常對所看到的內容有話要說，你能像注意到外面的東西一樣單純地注意到這些想法，還是必須對它們做點什麼嗎？想法、情緒都是自己產生的。很好，現在只是去注意它們。

當你達到可以觀察頭腦和心中正在發生的事情的狀態時，會注意到你並不總是對內心發生的事感到滿意，甚至有種想要故意對其做些什麼的傾向。這很自然。如果你想故意做些什麼，需要做的就只是放鬆。這當然不是你直覺會想做的事。你想藉由擺脫內在的騷亂來保護自己不受影響，而這場對抗只會讓情況變得更糟。你能夠只是單純放鬆，而非與被擾亂的能量打交道。起初似乎不可能做到，因爲你試圖讓騷亂本身放鬆。不要那樣做，要放鬆的是你。注意到騷亂的你並不是騷亂本身。你只是在見證騷亂，而你應該在面對騷亂時放鬆一下。

你處於內在的覺知之位上，看著頭腦與心跳著舞。這個處於內在的地方非常自然。如果不受想法與情緒所吸引，你就可以放鬆並關注。在你看到正在發生什麼事的那一刻，不要思考，只要放鬆就好。放鬆肩膀，放鬆肚子，放鬆臀部，最重要的是放鬆你的心。即使心本身不會放鬆，心周圍的區域也會放鬆。你在裡面有意志力，用吧，用你的意志放鬆和釋放。先放鬆最初的阻力，然後釋放出現的擾亂能量。當你這樣做時，實際上是爲了能夠釋放引起騷亂的業行。你給了業行更多的釋放空間，因爲你沒有和業行創造的想法與情緒對抗。你在自性之位和嘈雜的頭腦之間創造了距離，以至於最終沒有對抗。爲了能夠自由，你需要在這兩個主體和客體之間保持距離。

靈性討論的不是改變你正在看的客體，而是關於接受客體，但不陷入其中。靈性討論的是無論頭腦和心在做什麼，都要保持超然和平靜。當你對來自頭腦和心的一切都感到完全自在時，它們就會停止製造內在的騷亂。你還不知道，但這是眞的。人們經常問，一旦你與頭腦和平相處，它是否會繼續說話。頭腦會說話，是因爲你感覺不好，它試圖藉由按照你想要的方式來解決問題。一旦你在裡面沒事，頭腦就沒什麼好說的了。你在所愛之人面前時，不會想著如何找到愛，只會體驗愛的美好；同樣地，當你在裡面沒事的時候，就不會考慮如何過得好。你將放鬆到平靜幸福的寧靜狀態，而這需要你對自己的想法與情緒感到滿意。在想法與情緒面前放鬆是與其相處融洽的良好開端。如果你不能做到放鬆，就必須做點什麼，你會因此被拉入其中，並嘗試做點事情來解決擾亂你的問題。最好就單純地放鬆，提供業行釋放所需的空間。當你放鬆並回到見證意識中時，就是在向正在發生的現實臣服。

先放鬆，然後向後仰，拉開距離。注意到的你，與你注意到的事物之間有段距離。不必加以思考，只要注意到，你在裡面看到的想法與情緒都很清楚，並且與你有段距離。現在，遠離它們產生的噪音。想法與情緒會發出噪音，而那不是問題。放鬆並遠離噪音。當你遠離噪音時，你就在**你**（意識）和意識的對象（想法與情緒）之間創造距離。在那個距離內，業行有空間釋放能量。這種狀況會造成不適，這很自然。你正在經歷的不適是業行被釋放的不適。它們帶著痛苦儲存，也會帶著痛苦釋放——如果你允許它們這麼做。這樣的痛苦會結束所有的痛苦。

31 從小事開始練習放下

釋放儲存的痛苦最好的方法是練習。就像練習彈奏音階來學鋼琴，或練習某項運動以變得擅長一樣，你練習放下，以學會如何做到。從簡單的事情開始，我們稱此爲**低垂的果實**。當你無緣無故製造內在的騷亂，會讓每一天出現許多狀況。因爲前面的車而受到影響根本沒有好處，只會讓你緊張與煩躁。以成本收益分析來看，是百分之百的成本和零收益。停止這種傾向應該很容易，但事實並非如此。你會發現自己習慣於堅持和要求事情應該如你所願，即使並不合理。事情之所以如此，是所有的影響力造成的。抱怨天氣，並不能改變天氣。如果你夠明智，會開始改變對現實的反應，而不是與之對抗。這麼做可以讓你改變與自己，以及與其他一切的關係。

就從小事開始，向自己證明你有能力做到這一點。在此層次與自己一起工作，就是練習放下。一旦你能夠透過相對容易的事放鬆和釋放，就會發現更能夠處理比較困難的情況。你正在訓練與自己打交道。

生命中許多不同的經歷都屬於低垂的果實那一類。在你與天氣的關係中可以找到很好的放下練習。信不信由你，你可以利用天氣來實現極大的靈性成長。天氣的型態多變，包括炎熱、寒冷、多風、乾燥、潮濕，以及介於兩個極端之間的一切。天氣與你無關，與導致它變成現在這樣的力量有關。如果你不能在不受擾亂的情況下應對天氣，要如何應對其他事？抱怨天氣是個完美的例子，說明成本是百分之百，而收益爲零。抱怨天氣對你有什麼好處？除了生氣以外，什麼也沒有。「今天的高溫眞讓我受不了。太可怕了。我滿頭大汗。我討厭這種天氣。」恭喜，你度過了不愉快的一天，而這種情緒並沒有改變天氣。

最終，你開始與自己一起努力。當你的心抱怨天氣時，不要與其對抗。如果你願意，可以使用正向思考。例如，當頭腦開始抱怨「天氣很熱，我覺得好熱」時，與其陷入困境，不如問問自己：「天氣爲什麼會變熱？『天氣好熱』是什麼意思？」用頭腦提醒自己，在九千三百萬英里外有一顆恆星非常熱，你可以真實感受到它的熱量，太驚人了。用你更高的心智去欣賞和尊重現實，而非抱怨。當你這樣做時，你會刻意用頭腦去做正向和具有建設性的事。你在提升自己。

儘管這種正向思考的做法對你有益，但你最終需要做的是放鬆並擺脫騷亂。如果費心去放鬆和釋放，就不會覺得那麼熱。畢竟，你在裡面並不會熱，只能體驗到身體是熱的。你在裡面，見證了熱的經歷。如果你在意識之位上感到放鬆並釋放，就會在此狀態下與正在抱怨的自己拉開距離。想當然爾，你的頭腦肯定在抱怨，但是，如果你放鬆並與噪音的來源拉開距離，將能輕鬆地坐在自性之位上。

當你放鬆和釋放時，會發生兩件事。第一，你不再對抗擾亂頭腦的原因，給出釋放的空間。第二，你實際上是放鬆回到自性之位上，並且會在靈性上成長。如果你如此應對天氣，如果你如此應對前方的車，如果你如此應對所有這些低垂果實狀況，那你每天都會成長。知道自己正在應對低垂果實的方法是，你只是在內在放手，情況就得到解決了，沒有什麼其他事情可做。你是唯一的問題，一旦你放棄製造問題，問題就得以解決。如果你接受天氣，就沒什麼別的要做的了；如果你接受了你讓自己煩惱的無數無意義的事，就沒什麼別的要做的了——你就是這樣識別低垂的果實。

相反地，如果你放下對某種情況的反應，而面前還有其他事要應對，那麼你在外在還有事情要做。如果你沒了工作，努力擺脫了負面反應，那很好，但你仍然需要出去尋找新工作。放下並不能免除你在生活中的責任。你不是放下人生，而是放下自己對人生的個人反應。你的個人反應並不能幫你以建設性的方式應對情況，而是會影響你做出正確決定的能力。

到頭來，你會發現大部分的內在騷亂都屬於低垂的果實，出現問題的唯一原因是因爲你如此定義。你就是問題所在，而這無法在外在解決，只能從內在解決。

32
放下過去

你在街上開車，路旁的廣告板讓你想起過去煩擾你的事，也許是八年前發生的某件事。被這起事件煩擾有什麼好處？只會毀了你的一天。僅僅因爲那件事在過去煩擾你，並不代表現在仍應該困擾著你，畢竟事件已經結束。你認爲，既然不想再經歷一次，就得記住它有多糟糕。這種說法就像是你需要剩菜打包袋來裝讓你覺得噁心的食物，這樣你就可以把它帶回家，每天早上品嚐它，並記住它有多讓你噁心。你永遠不會用糟糕的食物來對待自己，那爲什麼要用糟糕的經歷這麼做？

我們現在準備關注另一個非常適合靈性成長的領域，那就是你的過去。一開始你可能不會同意，但它也屬於百分之百的成本和零收益。仍然被之前發生但現在不再發生的事情煩擾，有什麼好處？事件已經過去。被甚至沒發生的事煩擾一點好處也沒有，但另一方面，你肯定會付出驚人的代價：整個心理、情緒甚至身體的健康。

相反地，如果你讓體驗在眞正發生時完全通過你，就會觸及你存在的核心，並成爲你的一部分，而不會留下任何傷痕。你將能夠從經驗中學習並成長。一旦你完全消化了一次經歷，自然會知道如果再次發生，該如何處理。如果你曾在小時候碰過燒燙的爐子，不必將痛苦的經歷放在頭腦中最重要的位置。不需要總是提醒自己爐子很燙，並且會讓你受傷。如果你這樣做，就會從經驗中產生業行，而非單純從中學習。別擔心，你會充分了解別再碰熱爐子。

同樣地，一旦學會一項運動或一種樂器，就不必一直想著要怎麼做——這會成爲你的第二天性，也就是說，已經融入了你，變得完全自然，不需要在進行時想著該如何做到。過去所有的學習經歷都應該如此——眞正需要時，毫不費力就能取得；不需要時，你也從不會受到打擾。如果恰當地處理經歷，這些經歷將永遠在裡面爲你服務，永遠不會煩擾你。

也許這個練習會幫助你理解完全處理某件事的意義，而非必須透過頭腦思考讓這件事通過。只需片刻，瞥一眼面前的景象。要看到有多難？顯然根本不費吹灰之力，你立刻就會看到。如果世界上最優秀的藝術家打電話給你，想畫出你當下看到的東西，那會怎麼樣？你需要多長時間才能向對方描述一切？我們說的是每種顏色、光的反射、木材的紋理變化，以及每個細節。那將是一次很長的通話，然而你在十億分之一秒內就看到了這一切。這就是意識單純看到與頭腦試圖處理所見事物之間的區別。

這種差異適用於所有生活經歷。當你擁有某次經歷，該經歷可以就這樣進入，直接接觸到意識，不需要頭腦來判斷想不想要這個經歷，然後決定是否儲存。就像你不須「思考」就可以完整看到眼前的景象一樣，你也可以將自己的完整體驗整合到你的存有中，而非讓其堵塞在心智中。**經過完整處理、整合到存有中的經歷，就是最豐富的經歷**。

有多少過去發生的事件，你希望眞正結束，而非在那些事件已經成爲久遠歷史之後，仍然必須在心理上和情緒上加以應對？事實上，要獲得深刻的靈性，未完成的過去不能在你裡面。它必須消失——不是被壓抑，而是消失。隨著時間過去，你會看到，當那些堵塞的模式消失，剩下的就是靈的流動。剩下的是有史以來可能存在的最美好的事物。

你如何放下過去？這很簡單。過去的堵塞每天都會自行出現，當它們出現時，讓它們離開。這不是比賽，非常簡單。外在事件導致儲存的模式出現，好，讓它們出現。生活中會發生一些擊中業行的事，如果業行在你裡面，就會被擊中。這個世界對每個人的成長來說都很完美，但不是你想的那樣。這個世界非常適合每個人的成長，因爲每個人都透過自己的堵塞來看世界，就與羅夏克墨漬測驗一樣。並不是說墨漬是完美量身訂作，可以帶出你的問題，而是你透過問題的面紗查看墨漬，並將問題投射其中。這就是爲什麼同一個墨漬卻能用來診斷所有患者，就像同一個世界可以完美地爲每個人的成長運作一樣。如果你想看看外面的眞實情況，就需要擺脫內在的問題。

科學家告訴我們，外面眞的什麼都沒有，只有一堆由電子、中子和質子組成的原子。我們的量子物理學家研究得更深入。他們說，實際上只有一個具有波和粒子特性的純能量量子場，來自這個能量場的次原子粒子（夸克、輕子和玻色子）構成了整個宇宙。雖然你對這些粒子毫不在意，但它們創造的結構透過你的感官進入，擊中你儲存的堵塞，讓你在裡面感到不舒服。這麼做的人是你，而不是次原子粒子。爲了釋放自己，你注意到騷亂時就放下，而不要等到最初的騷亂占據你的頭腦。在你眞正生氣之前，你就已經完全覺知到自己開始生氣。你感覺得到。當某些事開始煩擾你時，你會感覺到。如果想在靈性上成長，那就是你該努力的時刻。

這是靈性成長的本質。如果在自己身上努力，將在內在創造可以居住的美好場所。這比婚姻或家庭更重要，比工作或職業更重要。你是直接而非間接地在自己身上努力。如果創造了美好的內在環境，就能擁有美妙的婚姻、極好的家庭生活和非比尋常的工作；但如果內在一團糟，你只會試圖利用這些外在情況來讓自己好起來。這可以在短時間內起作用，但就像在沙子上建造房子一般。另一種選擇是當情況開始浮現時，當你感覺到改變的那一刻，就放鬆。甚至不要等到你搞清楚是怎麼一回事，只要放鬆並放下。可以在能量層面而非心理層面處理業行，這要深入得多。裡面有堵塞，但它們並不想待在裡面，而是想要浮現並被釋放。臣服是放下，而非藉由推開堵塞去對抗。當這些來自過去的騷亂出現時，你會發現它並不總是很舒服。事件發生時讓人不舒服，所以你把它們推開；現在它們想要釋放，你打算再壓抑十年嗎？如果你不認眞對待自己，就會發生那種情況。

最終，你會認眞看待，生命的目的是放下這些儲存的模式。你被堵塞的過去讓你遠離神，也讓你無法擁有美好的生活。你為一段關係或為了賺錢付出真誠的努力，你學習用這同樣的努力，讓自己從這些堵塞中釋放出來。請記住，這麼做不是放棄，而是淨化。是為了清理內在，這樣你就可以擁有美好的生活，無論是外在還是內在。在你成長的某個階段會了解，釋放自己值得你忍受放下過去的騷亂所引起的不適。看看運動員為了參加奧運經歷些什麼。多年來，他們為贏得金牌而忍受痛苦。他們一時感到自豪，然後呢？獎牌變成牆上的裝飾品。我們說的是付出那種努力的一部分來贏得一切，隨著時間過去，你努力的成果將不斷給予。想像一下你裡面沒有敏感的堵塞，想像一下能夠享受在周遭展開的世界，可以開始體會生活並全心全意地參與其中。那有什麼價值？

當你願意放下過去時，就會發生這種情況。這是非常重要的靈性實踐。你應該能夠回顧過去並說：「謝謝。」發生了什麼並不重要，請記住，宇宙中每時每刻都有數以萬億計的事情在發生，但你只能體驗到一件。你怎麼能不欣賞你體驗到的那個？你出生在世上，這就是你的經歷。這就是你的人生：你必須經歷的一連串經歷。學會愛和欣賞自己的過去，完全擁抱它，感謝它教導你，放下任何覺得它有問題的評判。你的過去屬於你，獨一無二。它發生過。它是神聖的。它很美麗。其他人不曾擁有，也沒有人將會擁有。欣然接受你的過去，擁抱它，親吻它——無比愛它。

33 靜心

許多實踐對靈性之旅有幫助。實踐時，總是要記住，你的意圖是不再儲存堵塞。如果週末靜修對放下的過程有所幫助，那就去做吧；如果某種療法可以協助你敞開及釋放，那就去做吧。有種由來已久的靈性成長技巧是靜心。爲了靜心，必須放下你與你的想法和情緒的傳統關係。靜心有許多形式，但最重要的是放下你對專注於想法的沉迷，轉而專注於呼吸、計數、念誦咒語、感受能量；換句話說，專注於除了腦海中出現的想法之外的任何事情。練習靜心時，會發現你在日常生活中放手的能力大大增強。在靜坐墊上放鬆和釋放，與日常活動中的放鬆和釋放有著相同的程序。最終，你會發現一整天都能保持清醒，總是能意識到內在和外在發生的事。這種存在的清明是靜心的禮物。

靜心的技巧很多。如果你完全不會，可以試試以下簡單的練習。每天坐下來練習兩次，最好在每一天的同一時間練習。想讓這種內在工作優先於其他一切，需要紀律才能達成。大多數人每天都在特定的時間吃飯睡覺，並且能夠爲工作和人際關係騰出時間，這種在自己身上下工夫的內在努力比你做的其他事都重要。最終，這樣的努力會比你每天做的其他事更能影響生活品質。今日許多教導都提出，早上靜心十五分鐘、晚上靜心十五分鐘，是很好的起點。僅此一項就會產生巨大的好處，只須抽出時間在安靜的地方坐下即可。

那段時間你要做什麼？你不會想要期待擁有靈性體驗。如果你那樣期待，你會感到失望，並將停止靜心。靜心的原因與學鋼琴時彈奏音階的原因相同。如果你坐下來練習彈琴，並期待等你站起來時，就能彈奏貝多芬的樂曲，那你一定會放棄鋼琴。靜心也是如此。你靜心的原因，是學習在頭腦創造想法、心創造情緒時，內在仍保持意識。無論裡面發生什麼都很好，只要能客觀地觀察。這稱爲**正念靜心**。

假設有人說：「我沒辦法靜心。我坐下來，頭腦卻不肯閉嘴。它就是說個不停。」這其實是很好的狀態，因爲你知道你不是你的頭腦。實際上，你看著你的頭腦說了十五分鐘的話，並注意到它並沒有停止。你通常不會注意到這一點，因爲你往往會全身心地投入頭腦正在創造的想法中，但這一次你注意到了，你注意到想法並未停下來。這本身就是一種見證意識。你正在目睹這些想法，而非迷失其中。不要稱其爲糟糕的靜心。如果你練習彈鋼琴時犯了錯，那不是糟糕的練習。每次練習都是學習。同樣地，沒有糟糕的靜心，你只是在練習去覺知裡面正在發生的事。

當然，有比單純注意到頭腦更高的靜心狀態，但你不應該設定期望。期望只是另一種心智之旅。決定好坐下來，因爲你選擇學會臨在，並在自己身上努力。這是沒有太多外在干擾的時刻，所以你可以練習臨在。就是如此。你可能不喜歡你在裡面看到的，但你正在學習與它同在。你正在學習與曾經讓你抓狂的事物和平相處。

要領會靈性技巧的目的，必須了解到你沉迷於自己的頭腦。比起人們沉迷於毒品，你更沉迷於自己的頭腦。事實上，許多人開始吸毒的原因，就是爲了擺脫腦海中無止境的喋喋不休。這也是爲什麼有些人開始喝酒——頭腦讓他們無法忍受。如果你和大多數人一樣，就會沉迷於頭腦所說的每個字。如果頭腦突然說：「我不喜歡這裡，我想離開。」你會離開。如果頭腦說：「我認爲在這裡會有好事，我想待一會兒。」

你會留下來。你全神貫注於自己的想法，對頭腦言聽計從。從本質上講，頭腦對你而言就是權威，而你需要脫離這種關係。

改變你與頭腦的關係，是靈性之旅的重要部分。你並非藉由與頭腦對抗並抗拒想法來做到這一點，而是藉由學習不聽頭腦的話來達成。你是意識，頭腦是意識的對象。你必須能夠停止關注頭腦，即使頭腦正在說話。最簡單的方法是把注意力放在其他事上。一種很常見的靜心技巧是注意呼吸。就只是注意呼吸。隨著時間的推移，你會發現，如果專注於觀察呼吸進出，就不會專注於頭腦。如果嘗試這種非常簡單的觀察呼吸的技巧，就會發現你有多麼沉迷於頭腦。上一刻你坐在裡面看著呼吸，沒有被頭腦分散注意力，下一刻你就會發現，你迷失在自己的想法中。情況就是如此。你可能無法坐在裡面十五分鐘觀察呼吸。很好，這顯示出你對頭腦有多麼沉迷。

你無法專注於呼吸的原因，是因爲意識會被頭腦分散注意力；換句話說，你不再觀照呼吸，而是開始觀照頭腦。一旦你意識到發生這種情況，不要對自己失望，重新開始觀照呼吸。整個目的是練習控制注意力，讓它再次由你掌控。你關注什麼，決定了你在生活中的經歷。你應該有權利去有意識地決定要把注意力放在什麼上面，而在你學會遠離頭腦之前，你別無選擇，只能關注頭腦說些什麼。

你還可以在這種簡單的靜心技巧中添加一個元素。你不會馬上知道你停止了觀照呼吸，你會迷失在頭腦中，也許十五分鐘就這麼過去了。爲了幫助你更快注意到，不要只觀照呼吸，還要數算呼吸。一輪吸氣及吐氣算一次，然後是第二次，以此類推。但不要數到一百，數到二十五，然後重新開始，這樣才不會很快就分心。吸氣／吐氣……一；吸氣／吐氣……二；吸氣／吐氣……三。觀察氣息進出腹部。坐在那裡，關照呼吸，數到二十五，然後再回到一。如果你發現已經數到四十三，就從一開始。不必多想，直接從一開始數。你現在要做的事需要你保持臨在，你必須保持足夠的意識關照呼吸，才能知道二十五之後要回到一。這麼做不需要思考，只需要覺知。

有些人在靜心時會轉動念珠，有些人會念咒，這麼做只是要幫助你的意識不跟著想法一起漫遊。所以，如果你明白靜心與靈性體驗無關，靜心就很容易。請不要擔心，只要練習臨在。如果你規律地練習靜心，會發現當業行被擊中時，你有所覺知。現在的問題只是你願意承諾到什麼程度。每一次開始感到不安時，你願意放鬆和釋放嗎？或者，你還需要經歷另一回合，來表達和捍衛你的堵塞？

34 處理更大的問題

眞正的靈性實踐需要將生命中的每一刻都用來解脫。生命是眞正的大師，賦予挑戰，讓你不是遠離自性，就是回歸自性。生命是你的朋友，生命中發生的每一件事都提供你機會，讓你更能夠從自我中解脫，渴望重生。如果你眞心致力於釋放低垂的果實，並且在過去的業行被釋放時，在自性之位上歸於中心，你將成爲更有意識的存有。在一次高難度的對話之後，你將不再需要歸於中心，而是在整個體驗中保持中心。起初這很困難，但要繼續努力，讓這成爲你生命中最重要的事情——因爲的確如此。這確實是唯一合理的生活方式。這不是宗教技巧，只是你決定醒悟，並讓自己盡可能做到最好。

如果不斷放下，最終會達到永恆存在的狀態。你將穩坐在自性之位上，餘生都不會再離開那個位置，無論發生什麼事，無論誰死去，無論誰離開你，無論如何。事情仍然會出現，但你將有權力決定如何應對。在事件和你對它的反應之間，會有你以前從未有過的充裕時間。事情開始像慢動作一樣展開，就連往往直接反應的想法與情緒也是如此。這讓你有時間放鬆和放下。

我們現在準備解決更大的問題。隨著你放下，小事件越來越少，更大的問題會自己出現。你可能會開始做非常強烈的夢；你可能開著車，開始無緣無故地感受到強烈的情緒。這樣很好，你不需要理由。這只是因爲你提供了空間，所以能量，也就是夏克提，試圖向上推。夏克提是你最好的朋友。這種內在的能量流正在幫助你，而且總是試圖向上推。除了繼續放下，你不需要做任何事。如果發生了非常糟糕的情況怎麼辦？房子著火了，你丟了工作，這當然不是低垂的果實。如果你誠心誠意地往這條路上走，會怎麼做？先放下，永遠先放開你的人類反應。如果你心煩意亂，無法應對這種情況，你有什麼用？如果你害怕看到血，那麼你在事故現場一點用也沒有。先放開你的個人反應，這樣就可以盡你所能爲這種情況服務。

讓我們舉一個現實生活中的例子。你接到電話通知，你十六歲的兒子在學校儲物櫃放了毒品。像這樣棘手的事情的確存在，你可能不喜歡，但你不得不處理。也許你的頭腦開始說話：「他怎麼能這樣對我？哦，我的天，我做錯了什麼？我丈夫會生我的氣。我們的關係已經夠讓人煩惱的了，這可能是我婚姻的盡頭。爲什麼我會遇到這種事？」到底這些個人的戲劇事件與你兒子的問題有什麼關係？這些是你的問題，你需要放下。你不應該根據內在的堵塞與外面的世界互動。你的頭腦說的那一整段話，與目前的問題無關，而是與這個事實有關：這個情況擊中你的堵塞，而你現在做出反應的對象是自己的問題，而非孩子的問題。如果你允許這種情況發生，你會根據讓你感覺更好的因素做出每個決定，而這些決定可能並非最適合當前的情況。

如果你認爲情況是針對你，就會試著藉由避開令人不安的經歷來保護自己。但棘手的情況提供了改變這種動態的機會。掌握機會的方法是放下你對這個情況的所有個人反應。你就只是放下——不是放下這個情況，而是放下你對這個情況的反應。去校長辦公室，但不是爲了保護自己，是因爲你的兒子需要幫助，是因爲校長需要幫助，因爲你是父母，兒子是你的責任。盡你所能以建設性的方式提高能量。如果你把焦點放在自己的尷尬、恐懼和其他個人反應，就無法做到這一點。

最重要的是，你不再認爲一切都是針對你，因此可以與眼前的事件進行適當的互動。在工作上也是如此。你在會議中，而大家正在討論專案。你想到一個好主意，希望有所貢獻，所以提出來，但遭到否決。這種情況肯定讓你很難受。你有自我意識，而它會受到擾亂。會議接下來的時間裡，你不是因爲生悶氣而沒有貢獻任何想法，就是不斷提出證據，證明你的想法並非那麼愚蠢。你不再屬於那個會議。你之所以在場，已經變成爲了你自己，而非爲了專案。你不能那樣工作。你的潛在動機永遠不能是爲了你，而必須是爲你面前發生的事情服務。你總是盡你所能，爲在面前展開的生活服務。

放下的過程變成了你如何在自己身上努力。你唯一的決定是：要放下還是不放下？這是你的選擇。你不是規律地在自己身上努力，就是沒有。在你內在產生個人想法與情緒的堵塞只不過是殘餘的業行。它們是基於你無法處理的過往問題，往往會將你引向錯誤的方向。要學會表達你的高我，表達你的存有中與生命和諧相處的更深層部分。

繼續放下。整個靈性之路就是釋放自己。這樣做會發生什麼事？這就是我們接下來要探索的。我們將處理每個人的人生應該是什麼樣子。不管你曾經發生過什麼，或者你曾經做過什麼，眞的都無關緊要。如果你放下內在的業行，它們將不再影響你的人生。你可以眞正擺脫過去。這就是**無拘無束地活**。這意味著放下自己，按照佛陀的教誨超越個人自我，按照基督的教誨死去重生。它是所有靈性教誨的精髓，也是眞理。

如果每個人都願意做內在的工作，就都有能力釋放自己。

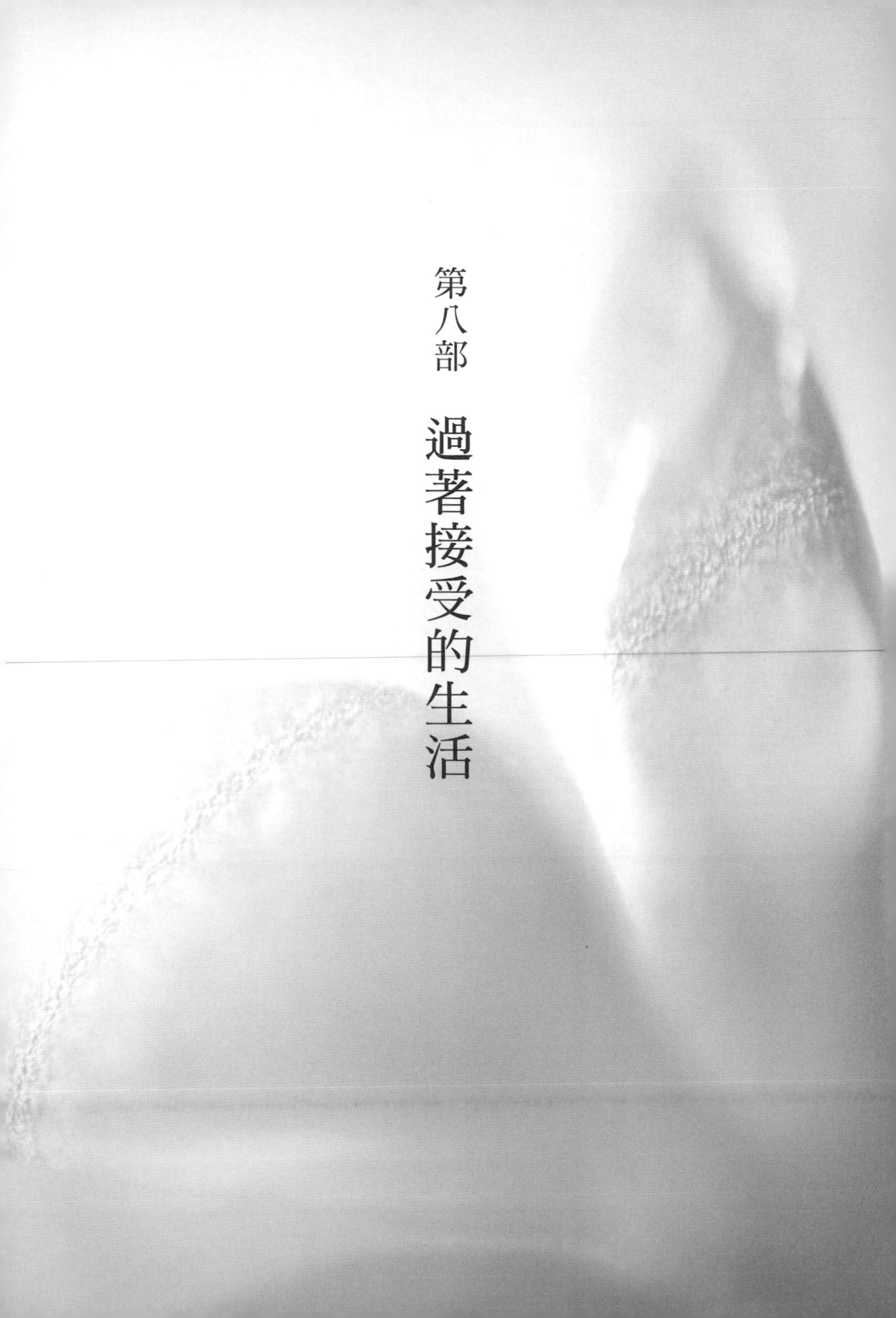

第八部

過著接受的生活

35 處理堵塞的能量

有件事很確定，我們的內在都有意識。問題是：我們意識到了什麼？幾乎每個人都知道，內在不斷變化的能量有時會讓人不知所措。即使不了解能量，爲了好好活下去，人們要麼將能量推開，要麼試圖透過外在表達來釋放能量。儘管這兩種努力都會導致各自的問題，但總比淹沒於內在要好。

若是眞的溺水，會怎麼做？人們會試圖抓住堅固的東西，比如漂浮的木板，以免下沉。這就是大多數人的生活方式。他們正抓著任何讓自己不致淹沒的東西。一般來說，他們抓住的是自己之外的東西。他們認爲，如果別人對他們多尊重一點、好一點，內心就不會那麼尖刻；如果有人眞的愛他們並對他們忠實，他們就會沒事。問題是，如果他們設法得到了自己想要的，這輩子都會牢牢抓住，再也不放手，而這樣也會製造麻煩。更糟糕的是，如果外面的世界不再給他們想要的東西，他們就會再次沉沒。

如果你想知道你爲了避免淹沒於內在，有多麼依附於外在世界，只要看看當世界沒有按照你期望的方式展開時，會發生什麼事。當非常親近的人表現的行爲與你心中的模型不一致時，會發生什麼事？你的頭腦和心都會著火。即使這個人實際上沒有做任何事，也會發生這種情況。只要你的頭腦開始想著，「如果我丈夫離開我怎麼辦？莎莉的丈夫離開了她，如果山姆也離開我，我會死的。」僅此而已，你就會感到痛苦和不安，所有內在的能量都變得不穩定。爲什麼會這樣？發生這種情況，是因爲你一直試圖在頭腦中建立可以依靠的穩固場所，只要任何事適度地強化了它，你就會感到安全，並且相對沒問題。但是你已經藉由依附外在的事物，使自己與你存有的核心保持距離。我們就是這麼做的，而它不起作用。如果你想在靈性上成長，如果你想擁有美好的生活而非中年危機，就需要在內在努力。

中年危機發生的時機是，當你爲了感覺「沒問題」而打拚、依附和奮鬥了上半輩子，卻不順利的時候。即使你有孩子、有婚姻、有工作，內在也並不自由和平靜。事實證明，會發生中年危機十分合理。令人驚訝的是，沒有中年危機的人更多。生命走到一半，你了解那還是沒有用，你仍然沒有感覺沒問題。當然，只要配偶表現良好，孩子在學校表現良好，你也在工作中得到尊重，你就沒事。只要這一切都發生，你的財務狀況也沒問題，以這種條件來看，你也沒事。但內心深處，你知道這種情況可能瞬間改變，所以你必須繼續努力保持領先，活得奮力掙扎。

你可以改爲清理內在的混亂。總有一天你會意識到自己不會淹死，你只是坐在一個繞著什麼也沒有的虛空旋轉的星球上。這就是事情的眞相。卡西尼號太空船從兩百萬英里外拍下了地球的照片，地球只是黑暗虛空中的一個小點。你怎麼能來到最好的星球上，感覺卻不好呢？我們用太空望遠鏡看得又遠又廣，卻一無所獲，就連雄偉的地球附近也什麼都沒有。基本上，你中了樂透！你墜入了這個總是令人興奮、充滿挑戰和成長的非凡星球，星球上有各式各樣的顏色、形狀和聲音——令人難以置信地神奇。然而，你做了什麼？你在覺得痛苦。爲什麼？讓你受苦的不是這個星球，而是你儲存在內在的事物。

於是，合乎邏輯的問題變成了：你爲什麼要把這些東西都儲存在內在？如果你要在裡面存放東西，爲什麼不存放些好東西呢？人們收集各種各樣的東西作爲愛好，有些人收集來自世界各地的湯匙、茶杯、郵票或硬幣，但是你有個絕妙的愛好——收集糟糕的經歷。這就是你所做的：「我將收集曾經有過的每一次糟糕經歷，並將其保存在自己之內，這樣這些經歷就可以在餘生中煩擾我。」這麼做怎麼會有好結果？如果你繼續這樣做，會累積越來越多糟糕的經歷，生命也會越來越沉重。

你眞的要繼續讓生活如此艱難嗎？**本質上，你是在讓自己不快樂，然後向外尋求，要求世界讓你快樂**。當你在裡面讓自己不快樂時，這個世界無法讓你快樂。就是這麼簡單。你必須努力放下痛苦的根本原因。在靈性之路上一定要釋放自己，指的就是要處理被堵塞的能量。

如果你不處理這些堵塞在裡面的能量，它們就會一直累積並需要釋放。這些能量釋放的方式可能是憤怒、口頭或肢體衝突，以及其他不受控的爆發行爲。當你讓能量像這樣無意識地釋放時，就會無法控制。業行會加以掌控，選擇讓能量遵循阻力最小的路徑。當你允許這種情況發生時，不受控制的能量會在你體內開闢通道，讓它變得更容易再次以這種方式流動。這樣的能量流動成爲一種習慣。「失去理智」之所以不健康，不僅是因爲你於外在可能會說或做的事，你也增加了再次以同樣方式失去理智的可能性。這會導致各種麻煩。無論何時，只要你在裡面失去掌控，都會有麻煩。就是這麼簡單。

了解堵塞然後表達能量的過程，有助於我們對自己過去的行爲以及他人的行爲產生同情心。同情意味著了解人們行爲的根本原因。人們很難處理受到堵塞的能量，而且在大多數情況下，沒有人教他們如何將能量引導到更高的層次。我們的存有具有更高的層次，那些較低的能量可以跟著提升。你可以用更崇高的方式來處理內在能量，而非就這樣退到一邊，任由它們表達出來。這麼說並不表示它們應該受到壓制，你的選擇也不受限於表達或壓制。正如我們將要討論的，還有第三種選擇，嬗變，這就是眞正的靈性出現的地方。

36

能量的嬗變

壓抑會阻礙內在能量，未經引導的表達則浪費了它的力量。能量的最高使用方式是嬗變。大多數人對於讓能量變化一無所知，但這就是靈性的本質。目前，你的自然能量流被較低能量中心的業行堵塞，當能量試圖釋放時，你不是往下壓制，就是向外發洩。從長遠來看，向外釋放解決不了任何問題，能量只會在堵塞後面積聚起來。因爲尚未解決堵塞能量的成因，釋放也只是暫時。

當能量試圖出現時，如果視爲擺脫其所擊中的堵塞的機會，會怎麼樣？能量將試圖藉由推開業行來釋放它，問題是，如果堵塞在儲存時帶著痛苦，也會帶著痛苦再次出現。與其因爲無法應對這種體驗而將其往下推，或者將其釋放到外在作爲解脫，不如在如此深的層次上放鬆和釋放，以使堵塞不受阻力地通過。這就是**能量嬗變**的意思。這涉及使用上升的能量作爲正向力量，讓它清理任何堵塞它的事物。

用在靈性成長，就是運用內在能量最崇高的方式。用來釋放把你困住的那些堵塞，正是這些堵塞導致了痛苦。只有當情況以特定的方式呈現時，這些堵塞才會允許你感覺沒事。這會造成生活中的不適、焦慮和恐懼。這種不適驅使人們尋求各種分散注意力的事物，卻只造成更多的混亂。我們都認得這種騷亂和暫時緩解的循環。現在你知道有種更高層次的生活方式。如果你願意釋放堵塞，隨著時間過去，能量會找到自己的路上升，並將業行推開，接著你就再也不是從前的樣子了。這種情況在你過去與周遭的人打交道的方式上尤其如此。你會希望能回去說：「我很抱歉。我以前太過迷失了。」你會看見，過去的人際關係是如何關乎找到讓自己更舒服的方式，而一旦堵塞開始清除，能量就會進入你的心，安慰並支持你，關係會自然變得充滿愛和關懷，總是想要服務他人，不再只想著控制或獲得自己所需。當能量在你之內自由上升時，就會發生這種情況。

如果你釋放了堵塞，能量自然會上升得更高。你不必與之對抗——能量想要上升。永遠記住，能量想要上升，而你不必強迫它。如果讓能量自然上升，對長期的靈性成長是最好的。當你擺脫堵塞，會感受到能量穩定向上流動，最終你會意識到，夏克提想要表達的事物如此美麗，會讓你屏息以待。你將開始知道一種「出人意外」的平安（〈腓立比書〉第四章第七節）。你不需要任何東西。你的自然狀態如此美麗，你的內在健全而完整。這單純取決於你與能量一起工作的意願。如果你這樣做，夏克提會越來越高，直到最終像喜悅的噴泉一樣流動，從更高的能量中心流出。這樣一來，你與這個世界的關係就會變得非常美好。你試圖從外在得到的，現在會自然地在內在發生。你會充滿愛和狂喜。這就是基督描述的「人活著，不是單靠食物，乃是靠神口裡所出的一切話」（〈馬太福音〉第四章第四節）。將有源源不絕的能量流從內在餵養你。

內在能量流的嬗變是解決世間所有問題的答案。如果人們內在感到完整，並被源源不絕的愛和深刻的平靜滋養，就不會互相爭鬥。如果內在感到滿足，爲什麼要殺人、搶劫或傷害別人？只是因爲人們在內在掙扎，才會被迫在外在世界掙扎。這是我們需要這麼多規則和法律的唯一原因。任其自生的人在與內在的騷亂對抗時會產生很大的麻煩。我們的內在有更高層次的東西，恰好是我們的自然狀態。你是美麗的存有，眞正令人敬畏的存有，但如果你感覺不好，就無法體現那種美。不管你有多美，如果你正努力不被淹死，看起來就不會那麼美了。為了一勞永逸地停止掙扎，你要努力釋放堵塞。

靈性存有是這樣看待生命的：「我來到地球的時間很短，這些都是我必須擁有的經歷。這些經歷很有挑戰性，但我加以處理，並且因此變得更好。」你不會壓抑自己的問題，也不會讓它們成為生活的依據。過去的問題只是幫助你成長的眾多事物之一，你不需要知道為什麼會發生，也不需要從業力的角度去分析它的因果關係。每天都有各式各樣的事情發生，你不明白為什麼，然而，你很樂意處理它們。你只堅持理解那些你不能舒服地處理的事件。理解變成了拐杖，合理解釋的源泉。如果頭腦無法將一個事件融入其概念模型，就會堅持要知道為什麼會發生。最好先接受現實，然後以建設性的方式處理。

你就是自性。你是在眼前經過的一切的有意識見證者。你居於內在，裡面沒有什麼比你更強大。你有自由意志，並用來接受已經發生的事，而非讓過去的事擾亂你的餘生。從這些業行中解脫出來，讓你受阻的能量流嬗變為強大的靈性力量。

37 意圖的力量

如果你眞的想放下，就能夠在非常深的層次上做到。這不是能力的問題，而在於意圖的強度。內在工作不同於外在工作。在外在世界裡，有些事情可能因爲身體的限制而無法完成。無論你怎麼努力，都無法舉起一座山或以光速奔跑。身體有其限制，但內在沒有這樣的限制，因爲自性沒有物質層面。你是純粹的意識，你的意志可以完全支配想法與情緒。

正如我們所知，大部分的想法與情緒都是由儲存於內在的堵塞所造成。這些堵塞是你的，你可以隨時讓它們離開，但問題仍然是，因爲它們是帶著痛苦儲存起來的，所以會帶著痛苦離開。因此，了解自己的選擇並忠於選擇變得十分重要。你想要自由地過著深刻、美好的生活，而不只是避免不適嗎？許多吸毒者爲了恢復原本的生活，經歷了戒斷的痛苦。以一句古老的格言來總結：有志者事竟成。如果眞的想要，你可以讓堵塞離開。爲了最令人滿足的愛情關係、持續的幸福狀態，以及能夠時刻感受到與神同在，你願意經歷什麼？你會怎麼回答？你會不會說：「我太忙了，也不喜歡任何不適。」或者你會在遇到挑戰時說：「什麼事都可以。我願意經歷任何事來永久地生活在這樣的狀態。」幸運的是，你有能力，所以不成問題。但你是否有決心踏上解脫的深刻靈性之旅？

意志就像肌肉，你透過鍛鍊來打造。練習說：「我是這裡的主人。這是我的房子。我是唯一一個住在這裡的人，我有權把此地變成宜居之處。」這麼說並非要你在裡面成爲控制狂，而是要學會臣服。臣服談的不是壓制，也不是控制，而是放下軟弱，致力於實現意圖。臣服是處理任何需要於內在釋放的事物，並任其通過。請記住，是你故意抗拒過去的事件，而導致業行儲存起來。爲什麼不學習在堵塞清理時有意地放鬆和釋放，這樣你就可以體驗到本該如此美好的內在能量流？

如果你練習放下堵塞，不僅會生活在提升的內在狀態中，也會成爲這個世界的福氣。無論你走到哪裡、做任何事，都會爲他人帶來祝福。如果你每天都堅持這個過程，就會達成目標。留出時間來提醒自己你是誰，並回憶起你對清理內在的承諾。早晚練習有助於做到這一點。不需要太多時間，只要足以放鬆和釋放，歸於中心，並記住利用生命中的每一刻來釋放堵塞。如果這樣做，其餘的將自行發生。這是自然發生的過程。

永遠記住，將你從自我中解放出來是靈的工作。夏克提想要自由，但你成為阻礙。當夏克提開始將堵塞向上推時，你會因為感到不適而傾向於將它們推回原位。你在裡面儲存了過去的騷亂，受到攪動時就不好受。想像一下有人在和你說話，而你對那場談話覺得很有力量、很有自信。突然，對方說了一些話，擊中你的堵塞，你開始感覺到力量消失。如果你很眞誠，就會利用這種情況來成長。現在不是與那個人爭論的時候，而是該在靈性上成長。保持平靜而集中，在內心問：「我的內在發生了什麼事？是什麼堵塞被擊中，導致這種能量轉移發生？」然後，為了利用這種情況來成長，你放鬆，並讓能量推動堵塞。你什麼事也不用做，只要不擾亂該過程。夏克提會負責往上推，而你必須做的工作是放手。

為了記住要在當下這樣做，每天早上練習回憶你的意圖：「我今天的目的是放開堵塞，並在靈性上進化。」然後每天晚上都要記得：「我這一天的目的是放開堵塞，並在靈性上進化。」永遠不要抱怨發生什麼事，只要在內在釋放當天的事件，這樣就不會留下業行。不要讓任何事卡在裡面。一旦你善於在早晚做到這一點，就能學會一整天都這樣做。在每次互動中盡力而爲，然後放下。永遠記住是怎麼一回事：你在裡面，而某件事正在發生，導致能量在裡面轉移。如果你不喜歡那件事，會傾向把能量推開；如果你喜歡，就會抓住它。就好像你的手在裡面，而你用手試圖控制內在體驗。臣服的意思是不要那樣做，就是如此而已。臣服意味著當能量轉移時，你已經準備好，願意且能夠坐在意識之位上，然後放手。

你與能量的互動就好像你決定戒菸或改掉任何習慣。你會感覺彷彿有一股磁力吸引著你，讓你朝著恢復那個習慣的方向前進。當堵塞被擊中時，也會發生同樣的情況。它具有拉你進去的吸引力。你需要看到這一點，需要注意到它一直拉著你，有時就是不肯放過你。這不是壞事，這很好，只要多放鬆就好。這一切都是爲了放鬆。如果你運用意志來放鬆，就不能用內在的手來推開或抓住它。

總有一天，你會想起這段討論。你的內在有些東西會醒來，你會知道我們一直在談論什麼。你會觀察到能量在拉著你，而你會試著放手。你會第一次了解到實際上發生的事——你在和自己對抗。你們是對抗的雙方。你的一部分想要放手，但一部分仍想要屈服於能量的拉動。一旦你眞誠地想要放下舊有的習慣性能量流，就會意識到內在擁有你需要的所有力量。你是唯一一個居於內在的人，你只需要深度放鬆，停止與自己戰鬥。到那時，令人驚奇的事情將會發生：所有把你拉下來的能量都改變了方向，開始把你舉起來。這就是能量的嬗變，再眞實不過。隨著解脫成爲你生命的意義，這個內在過程將顯著加強。一旦你了解到你的意圖中心比任何由業行引起的習慣性能量流都強，你就會安靜地坐在意識之位上，讓淨化的過程展開。每一天，每一刻，你都有機會探索存在的偉大。

像這樣放手不是一種對抗或控制的行爲，而微妙得多。也許以下類比會有所幫助。想像你參加拔河比賽，你獨自一人在繩子的一端，而整個美式足球聯盟的球隊在另一端。這下麻煩大了。將你拉往對方方向的力量非常強大。你已經學習了所有最新技巧，包括讓腳跟陷入土裡、善用自己的體重，專家也教你在拔河比賽中站穩腳步的各種方式。你用盡方法，但不起作用。

突然，《星際大戰》中的偉大智者尤達現身來幫忙（他認爲每個人的名字都是路克）。

尤達：路克，你不知道該怎麼做。鬆手。放手，路克。
路克：什麼意思，放手？如果我放手，他們會一路把我拉過去，跌得五體投地。
尤達：放手，你必須這麼做。
路克：我不明白。當這股巨大的力量拉著我時，我怎能就這樣放手？
尤達：放鬆雙手，路克。放鬆雙手。
路克：不，不是手，是腳、腿和身體姿勢。這就是結束這場拉鋸戰的方法。
尤達：路克，如果你放鬆雙手，比賽就會結束。

事實證明，這是眞的。如果在拔河比賽中放鬆雙手，戰鬥將立即結束。沒有繩子，也沒有拉鋸。不管拉力有多強，只要放鬆雙手，就可以回家吃午飯。這就是一開始你眞正想要的。誰說你必須把整個球隊帶回家？只要放鬆、放手，對抗就會結束。這正是臣服的感覺。你在裡面，能量將你拉入其中，請不要與之抗爭。放鬆你的內在雙手，然後放手。如果這聽起來很有禪意，很好，因爲的確如此。你不須強大，只須有智慧。如果完全放鬆、放手，受到堵塞的能量就無法將你帶到任何地方。

隨著時間過去，你會發現內在有個地方就位在暴風雨的擾動背後。你可以就這樣放鬆，回到那個地方。你可以從這裡注意到內在的擾動，但這裡靜止又安寧，從來沒有任何暴風雨。那是自性之位。**你並非找到回到自性的路，只是不再離開**。如果你在這方面努力，會進入永遠存在的美好狀態。這是避難所，你要做的就是繼續放手。這就是臣服的生活。

38 探索更高的狀態

一旦你在裡面不再覺得快要淹死，就有可能過另一種生活。我們現在可以開始討論你是誰，以及在裡面會是什麼樣子。當堵塞得以釋放，能量就不必繞過它們。你開始感到更快樂，也開始感覺能量將你帶到更高的狀態。當你度過非常美好的一天或特別棒的經歷時，會開始重拾以前曾經有過的感覺，但這一次，沒有什麼特別的事情發生。你只是感覺到令人振奮的能量在內在不斷湧現，並且越來越高。單純因爲天空是藍色的，就能讓你開始感受到愛，從前通常要在一段關係中的特殊時刻才能讓你感到如此驚奇。發生的所有事都能進入內在，你會在更豐富、更深的層次上感受到這一切。這是因爲你更開放，更容易接受了，沒有想要解決的需求和問題。因爲你內在沒有那麼多騷動，感覺更加完全、完整，所以不需要外在的任何事物。你開始從完全不同的角度看待需求。

你曾經把滿足需求放在首位。現代大多數的需求是心理上的，而非生理上的。心理需求其實並不自然，因爲代表缺少某樣東西或出錯了。如果內在覺得完全而完整，就不會有心理需求。心理需求源於堵塞。當能量得以釋放時，你感受到的是愛、喜悅和熱情，這些只是令人開心、振奮的能量的不同說法。從最純粹的意義上說，這種向上流動的能量與情緒完全不同。情緒從你的心中散發出來，把你拉進它的振動中；熱情則自內在湧出，是全系統、自發且令人振奮的能量流。事實上，熱情是獲得解放的夏克提。

當你的能量得到解放時，就不需要其他人的能量。你內在的能量多到不可思議。你肯定有過這樣的經歷：你眞正喜歡的事發生，導致內在的能量突然爆發。這需要多長時間？十億分之一秒。想像一下，你感到沮喪，狀況也不好，突然，發生了某件事，也許是接到一通讓你又說又笑的電話，讓能量流動。能量一直存在，只不過你敞開了，因爲這通電話恰好是你喜歡的。堵塞暫時解除，這股能量全部湧了上來。但事實上，如果沒有那個堵塞，你就不需要靠那通電話把心打開。這就是爲什麼你要去做釋放堵塞的內在工作。

隨著堵塞釋放，能量將你帶到越來越高的狀態。你已經知道更高的狀態是什麼。更高的狀態是關於愛，是關於對工作和正在做的任何事情都充滿熱情。更高的能量很美好，比起較低能量的表達要美好得多。當你敞開來，生活不再是尋求「非負面」狀態，而是變成允許不斷增加的正面狀態進來。成長曾經意味著不再感到憤怒或焦慮，現在則是當你醒來時感受到壓倒性的愛，以至於很難起床。然後，去工作的熱情變得強烈到把你從床上拉起來，推動你度過一整天。這就是能量流動時的感覺。

大多數人不相信生活會是如此。他們覺得必須找到完美的工作，才能熱情地工作。你如何定義「完美的工作」？你認為那樣的工作會讓你敞開來；換句話說，那樣的工作正好符合你的堵塞，能量因此得以流動。問題是，如果同樣的工作以錯誤的方式擊中你的堵塞，你會將心關閉。你仍然讓業行支配生活。這不是找到合適工作的問題，而是釋放堵塞的問題，如此一來你才能對工作充滿熱情。

無論你達到的層次多高，你總是可以達到更高的層次。不要相信那些說除非了解悲傷，否則不能享受幸福的人。那不是事實。他們說的是你仍然被堵住時的生活，而一旦堵塞釋放，你會發現能量一直很美好，讓你不斷湧現令人振奮的喜悅，提升你的心、頭腦和內在的一切。你會比以前更能覺知，對你要做的每一件事都有孩子般的熱情。

你可能想知道，如果已經如此滿足，為什麼還會有動力去做任何事？如果已經充滿如此多的愛和幸福，為什麼還要找工作，甚至是一段關係呢？答案很簡單：愛想要表達自己，而熱情想要創造。一旦能量不再受到堵塞並自由流動，個人需求就不再是動力。行為是對生活的愛和感激的表現，整個生命都變成了一種服務行為。

就連關係也變成為他人服務的行為。你不再需要從關係中尋求什麼，但愛喜歡表達自己。如果內在充滿巨大的愛，人們就會被你吸引。你不必擔心如何吸引某人或讓他們對你感興趣，人們會被光吸引，這是天性。如果有個特別的人，你會日以繼夜地向對方傾注愛，不求回報。愛是非常獨特的禮物——對給予者和接受者來說，同樣美好。

一旦內在安好，生活就是如此簡單。做事不是為了得到成果；每一刻都是完整無缺的。你達到了沒有什麼比內在流動的靈更神聖的地步。可能會有擾動的時刻，但你不必處理。它們來了又走，除非你願意，否則不會影響能量流動。你會意識到，內在這種能量知道自己在做什麼。它不僅美好，而且聰明，如果你願意，它會解決一切。上升的能量會為你做所有的內在工作，你唯一要做的就是不干涉，也就是臣服。

讓我們更深入地探索接下來會發生什麼事。你內在流動的能量如此美好，以至於意識自然而然地受它吸引。你正在體驗的是你曾經希望從外面感受到、但只能淺嚐即止的一切。你完全愛上了靈性能量流。一旦你被內在的流動餵養，外在生活就會安好。在清除堵塞之前，你需要世界以某種方式讓你安好，於是每天與生活對抗；而當你的放手足以清理內在能量流時，掙扎就會停止。你透過直接的體驗意識到，想要的一切都在內在流動，戰鬥幾乎就會結束了。

受到無條件的內在能量流吸引，是種美妙的愛情。事實上，聖經說：「你要盡心、盡性、盡力愛耶和華——你的神。」（〈申命記〉第六章第五節）。你現在做的就是如此。這是《舊約聖經》中最終的誡命，耶穌重複了很多次。你再也不用擔心如何「愛你的神」，因為在你裡面流動的是聖靈，你自然而然、全心全意地愛著它。你喜歡快感、喜歡「嗨」（high），而聖靈是最崇高（high）的，比任何興奮劑都能讓你感到愉快，比你曾經擁有的任何關係都讓你開心。除非你停下來，否則它帶來的愛和喜悅永遠不會停止。那條河將在生命的每一刻流動，除非你把它堵住。但現在你懂得更多了，一旦能量開始自發流動，你就不會碰它，只是尊重、崇敬，並感謝。你在內心說「謝謝你」，然後繼續放手。那成爲你唯一的祈禱詞——**謝謝，非常感謝**。

既然這股能量在你裡面流動，它就會清理其餘的堵塞。這不會立即發生，你必須願意讓堵塞自然地離開。如果你同意，夏克提會將業行推出去。整個生命都變得有靈性，與靈有關。你在美好的能量流中休息，這會帶給你力量，去放下需要清理的事物。隨著時間過去，你學會享受這段旅程的每一刻。它釋放你，把你帶到神面前。

在向上的能量流中安頓時，會達到眞正滿足的狀態。知足並不意味著懶惰，而是指內在不受干擾。內在發生的一切如此美好，以至於有生以來第一次感到完全平靜，不做任何追尋。如果往外看向世界，會看到那裡有什麼，而不在意你想要或不想要那裡的事物。外在的體驗不會激發你內在的任何偏好，它只是進來，經過，然後離開，就像它找到你一樣，處於欣喜若狂的幸福狀態。

39 處於世，但不屬於世

一旦你達到內在清明的深刻層次，你會注意到，對現實感到滿足不代表你不與其互動。世界繼續出現在你面前，但不再針對你，而只是那一刻宇宙的一部分在你眼前經過。現實不會擾亂你，因爲你對它無所求。現實就只是存在，而你也就只是存在，你們達到完美的和諧。在你面前展開的每一刻都爲你服務，你可以單純欣賞，或者可以提升眼前那一刻的能量。一個微笑、一句好話、一次援手，都是在能量經過時提升能量的方式。盡最大的努力做好工作、照顧家人、服務社區——這些簡單的行爲都是在爲宇宙服務。

想像一下，你正在散步，看到路邊有一張紙，你覺得不調和，於是把紙撿起來。你不是因爲「必須」或「應該」而這麼做，你只是一個讓世界更美麗的藝術家。你的頭腦不會說：「我會撿起這個，但不會把每個垃圾都撿起來。」或是：「哪個白痴把這張紙扔在這裡？就是這種人破壞了世界。」不，你只是一個與生命和諧相處的自然存有。你並不期待自己的行爲要獲得回報，因爲你並非爲了被認同或認可而做。你會情不自禁地與眼前的這一刻分享內在的美好能量。**你所能過的最崇高生活，是在你眼前過去的每一刻都因為經過你而變得更好**。全心全意爲當下服務——想像一下，如果每個人都這樣做，世界會是什麼樣子。

從提升你眼前出現的事物開始。如果你連放在眼前的東西都不能服務，將如何改變世界？如果你對世界上的狀況感到心煩，以至於周圍的每個人都讓你煩躁，那麼你對任何人都沒有助益。如果你不能在自己的家庭中創造和諧，你有什麼資格抱怨各國互相發射導彈？你必須過著能夠達致和平的生活，如果每個人都這麼過，就會有和平；如果你做不到，你就變成了問題，而不是解決方案。一切都是爲了放開自己。世界會進來，會擊中剩餘的業行，而當這種情況發生時，你內在的感覺是反應性能量。永遠不要以此爲基礎行事。你只會用內在的堵塞汙染環境，一點好處也沒有。

靈性生活並非要遵守一套既定的規則，而是永遠不要根據個人能量行事。你一開始做不到，所以多加努力吧。當能量被擾亂時，就釋放。你最初的反應通常是個人的東西會冒出來，如果放手，將能夠以更有建設性的方式與眼前的時刻互動。只要問自己：「我可以做些什麼來服務眼前的這一刻？不是爲了我，我已經放開自己。現在我很清明，不會有所反應，我能做些什麼來提升經過的這一刻？」

一旦你學會放下個人想法與情緒的反對噪音，事情就會變得清晰。你將知道如何處理面前的情況。如果你有意識，保持臨在並專注，就會知道該怎麼做。眼前的這一刻正在對你說話，不一定是透過文字或話語，地上的那張紙、需要幫助的人，無論是什麼，你的反應都變得顯而易見。最深刻的事實是，甚至連你做什麼都不重要，重要的是你的行爲和態度的根源，是你的動機。如果你的動機是釋放自己，爲眼前的這一刻服務，你就値得尊重。你會不會希望遇到一個人，他的整個人生動機和目的是先放下個人的堵塞，然後盡最大努力爲面前的事物服務？這樣的人不會做錯事，因爲他的動機很純粹。如果動機本身純粹又非關個人，最終就能傳播光明。

要確保動機純粹，然後不要往回看。如果有人批評你的行爲，請道歉並放下。永遠願意學習。如果你已盡可能在行爲和態度上達到最高層次，就不必內疚，也不必羞恥。你所能達到的最好目標非常神聖。如果你所能做的最好的事造成某件可怕的事，那就承認所為。這是你的責任，讓它教誨你，使你變得更好，這樣下次會做得更好。請不要為此感到難過，也不要評判任何事。只有當你沒有盡力而為時——你個人受到擾亂並屈服於它——才會因此建立業力，而事情也變得非常複雜。

練習放下，最終你會發現自己處於覺知之位，不會被正在經歷的任何事打擾。總會有一種美好的能量餵養你並提升你，到那時，就不再有更多技巧，也沒有更多的教誨。從那時起，一切都自然而然地發生。直覺上，你突然意識到這種美好的能量流一定來自某個地方。尤迦南達在《來自永恆的耳語》（*Whispers from Eternity*）中寫道：「哦，我怎麼了？狂喜於狂喜中！無盡的、難以形容的無比狂喜不斷向我襲來！」這種能量是從哪裡來的？你感覺它是一種流動，就好像一股水流在你裡面向上流動。這並非理論，而是眞實存在。有一種持續的夏克提體驗，一種在你之內流動的聖靈，它一定來自某個地方，必須有個來源。你現在已經為回家之旅的下一個階段做好了準備——你開始尋找源頭。

你會很快意識到，在這段旅程中，頭腦無法幫助你。任何對想法的關注都會使意識遠離自性，並減少能量流動。這不是一次分析或哲學之旅，唯一能尋找能量流來源的，就是正在體驗它的你的意識。爲了尋找泉水的源頭，你向溪流游去。你感受到潮流並投入其中。當你在尋找夏克提之流的源頭時也是如此，你的意識感覺到流動並融入其中。這成爲你的整個靈性修行。這是臣服，眞正的臣服。

迄今爲止，你已經透過放下較低的自我來練習臣服。既然你已經學會了感受內在這種更高的能量流，你就臣服於它。在這最後的臣服之前，仍然存在一種主體—客體經驗：意識（主體）正在體驗夏克提的流動（客體）。如果你想眞正了解這種流動，就必須投入其中，與之合一。

爲了更接近與流動合而爲一，你必須放下所有的分離感受。體驗能量並不夠，你必須把自己釋放進去。當你放手時，流動會把你拉進來。那是偉大的大師們達到的境界。在梵語中，瑜伽這個詞的意思是「合一」。梅赫．巴巴說，當他第一次進入開悟的最崇高狀態時，就像一滴水落入大海。就算想要試著找到水滴，也不可能，它已與海洋融爲一體。就像基督說的：「我與父原爲一。」（〈約翰福音〉第十章第三十節）。這些教誨是一樣的。當你不再將自我意識與這股能量流分開，它會開始將你拉入其中，而你與它合而爲一。尤迦南達稱之爲在你內在流動的喜悅之河。你要走的路是找到它，到那裡，進去，然後沉溺於其中。現在我們說的是最高境界，而每個人都能達到這個境界。

記住我們是如何來到這裡的：我們藉由放開對這股流動的堵塞到達這裡。更高的狀態是完全自然的，但你不應該去尋求。不要被堵住，然後嘗試體驗不被堵住的感覺。不受堵塞時，更深層次的靜心將完全自然到來。你看電視時會只關照自己的事，並且陷入經過數小時靜心後無法達到的狀態。你會成爲夏克提的存有，而她會一次又一次地把你帶入狂喜之中。

沒有什麼比夏克提之流更美。她如此令人滿足，以至於你再也不會堵住她。如果發生了什麼事，而你想保護自己，不要理會那件事。先放下想封閉的那部分的你，再處理外在。盡一切努力放下你與成道狀態之間的障礙。

先從一整天中最容易實現的目標開始，然後逐步放下你的過去。這是開始有意義的轉變的完美方式。一旦你學會放下自我產生的擾動，不可避免地會發生更重大的事。由於你對自己所做的努力，在更具挑戰性的時期，你會很自然地放下。不要等到生活中爆發可怕事件後，才想知道該怎麼做。你需要在日常生活練習釋放自己，然後才能夠處理生命帶給你的任何考驗。

就像生活中的大多數事件一樣，這些更深層次的靈性狀態需要時間才能達成。只要做內在的工作，能量就會開始流動。一旦內在的閘門打開，你將獲得上升需要的所有幫助。你並非孤身一人走在這條路上，所有在你之前走過的人都在提升你。只要繼續放下。不管發生什麼，繼續放下。這些狀態無法一時之間全部發生並保持住，你會時不時因爲某件事顯露而變得匆忙。如果它再次封閉也沒關係，不用擔心。你還有工作要做。要勤奮，但要給它時間。最終，向上的流動永遠不會離開你。你將會理解你的靈魂，理解聖靈。當你可以放鬆並釋放到更深的狀態時，最終會意識到完全的自我了悟。這才是眞正的開悟。開悟不是靈性經歷，而是永久的靈性狀態。

不管你走得有多深，請不要說你已開悟，把這個詞留給偉大的大師。保持知足，不要自覺有靈性。靈性不是掛塊牌子，上面寫著「我是有靈性的人」，你也要放下這個念頭，永遠完全放下自我。如果你從不停止這樣做，能量就會接管。過去你看到個人自我表達的地方，現在只會看到夏克提的流動。臣服於那股流動，交出你的生命，融入其中，它將帶你走完剩下的路。那是最後的臣服。

很榮幸與你分享這些教誨。請不要讓它們只是成爲你讀過的另一本書，然後回到原本的生活方式。要按照教誨努力。這部作品不是關於放棄生命，而是關於在最深層次裡眞正體驗生命。如果你每天都放下自我，那麼在任何情況下，都會發現比自己更偉大的東西。你會發現：你不在的地方，神在；神在的地方，你不在。

現在你明白爲什麼基督說天國在你之內了嗎？它是你存在的本質。你的高度不可思議，而你完全有能力做這項工作。隨著你不斷放下，你的內在狀態只會越來越高，甚至你對這些教誨感興趣的事實，也意味著你已經改變了世界。努力解放自己的你，應該受到由衷的尊重。

懷著極大的愛和尊重

麥克・辛格

誌謝

生命是偉大的老師。如果你保持開放，那麼每種情況都會讓你了解自己以及在眼前展開的那一刻。我首先要感謝這股生命之流教會了我許多，並讓我完成本書的寫作。我也感謝所有那些在我之前走過這條道路，並成功引導我探索內在的智者。

懷著深深的謙遜和感激之情，我在此感謝我的朋友兼產品經理凱倫・恩特納（Karen Entner）爲這本書所做的龐大工作。她孜孜不倦和無私的服務，爲這部作品注入世界上罕見的承諾和完美感受。

我還想藉此機會感謝我的出版商新先驅出版社（New Harbinger Publications）及似眞出版社（Sounds True），感謝他們的眞誠工作，讓本書得以付梓。他們天衣無縫地合作，將偉大才能融合成一股統一的力量，爲這本非常特別的書的開發、行銷和發行提供支持。

有許多初期協助我的讀者値得感謝。我想特別提到詹姆斯・奥迪（James

O'Dea）、包柏・梅里爾（Bob Merrill），以及史蒂芬妮・戴維斯（Stephanie Davis），他們在本書的早期寫作過程中提供了詳細的建議。

最後，我想感謝你，本書的讀者，謝謝你有興趣加深你與自己和周遭世界的關係。你願意重新審視外在和內在實際發生的事，這個意願具有改變世界的力量。

國家圖書館出版品預行編目資料

活出覺醒：歐普拉的床頭靈修書，帶你超越生命困境／麥克・辛格（Michael A. Singer）作；張毓如 譯.
-- 初版. -- 臺北市：方智出版社股份有限公司，2022.11
256面；14.8×20.8公分. --（新時代系列；197）
譯自：Living untethered : beyond the human predicament.
ISBN 978-986-175-704-9（平裝）
1. CST：靈修 2. CST：意識 3. CST：生活指導
192.1 111014943

Eurasian Publishing Group
圓神出版事業機構
用心與你對話・視野無限寬廣
方智出版社
Fine Press

www.booklife.com.tw reader@mail.eurasian.com.tw

新時代系列 197

活出覺醒：歐普拉的床頭靈修書，帶你超越生命困境

作　　者／麥克・辛格（Michael A. Singer）
譯　　者／張毓如
發 行 人／簡志忠
出 版 者／方智出版社股份有限公司
地　　址／臺北市南京東路四段50號6樓之1
電　　話／（02）2579-6600・2579-8800・2570-3939
傳　　真／（02）2579-0338・2577-3220・2570-3636
副 社 長／陳秋月
副總編輯／賴良珠
主　　編／黃淑雲
責任編輯／陳孟君
校　　對／黃淑雲・陳孟君
美術編輯／李家宜
行銷企畫／王莉莉・朱智琳
印務統籌／劉鳳剛・高榮祥
監　　印／高榮祥
排　　版／陳采淇
經 銷 商／叩應股份有限公司
郵撥帳號／18707239
法律顧問／圓神出版事業機構法律顧問　蕭雄淋律師
印　　刷／祥峯印刷廠
2022年11月初版
2024年2月 8刷

Living Untethered: Beyond the Human Predicament by Michael A. Singer

定價 360 元　　ISBN 978-986-175-704-9　　